Gottlos beten

Eine spirituelle Wegsuche

Niklaus Brantschen

Gottlos beten

Eine spirituelle Wegsuche

Patmos Verlag

VERLAGSGRUPPE PATMOS

PATMOS
ESCHBACH
GRÜNEWALD
THORBECKE
SCHWABEN
VER SACRUM

Die Verlagsgruppe
mit Sinn für das Leben

MIX
Papier | Fördert gute Waldnutzung
FSC® C014496

Die Verlagsgruppe Patmos ist sich ihrer Verantwortung gegenüber unserer Umwelt bewusst. Wir folgen dem Prinzip der Nachhaltigkeit und streben den Einklang von wirtschaftlicher Entwicklung, sozialer Sicherheit und Erhaltung unserer natürlichen Lebensgrundlagen an. Näheres zur Nachhaltigkeitsstrategie der Verlagsgruppe Patmos auf unserer Website www.verlagsgruppe-patmos.de/nachhaltig-gut-leben

Übereinstimmend mit der EU-Verordnung zur allgemeinen Produktsicherheit (GPSR) stellen wir sicher, dass unsere Produkte die Sicherheitsstandards erfüllen. Näheres dazu auf unserer Website www.verlagsgruppe-patmos.de/produktsicherheit. Bei Fragen zur Produktsicherheit wenden Sie sich bitte an produktsicherheit@verlagsgruppe-patmos.de

8. Auflage 2026

Verlagsgruppe Patmos in der Schwabenverlag AG, Senefelderstr. 12, 73760 Ostfildern
www.patmos.de

Umschlaggestaltung: Finken & Bumiller, Stuttgart
Umschlagabbildung: Kubry © Lassalle-Haus, Bad Schönbrunn
Satz: Schwabenverlag AG, Ostfildern
Druck: GGP Media GmbH, Pößneck
Hergestellt in Deutschland
ISBN 978-3-8436-1335-4

Inhalt

Einleitung 7

Teil I
Vom »Beten« (ars orandi)

1. »Auf einmal dazugehören« 13
2. Wer bin ich? 17
3. Buddha in Ehrfurcht verbunden 21
4. »Und alles ist wie ohne Alter« 25
5. Gottlos dankbar 29
6. »Einer, der mehr wissen wollte« 33
7. »Schauen und das Geschaute selbst sein« 37
8. Gelassen ist, wer sich gelassen hat 41
9. »Beten« heißt in sich gehen 45
10. Kopernikus lässt grüßen 49
11. »Gott, wo steckst du?« 53
12. »Woran glaubt ein Atheist?« 57

Teil II
Vom »Glauben« (ars credendi)

13. Die Gretchenfrage stellen 63
14. »Glauben« in Ost und West 67
15. Glauben – allein und miteinander 71
16. Wenn Religionen auf Mystik stoßen 75

Teil III
Vom guten Leben (ars vivendi)

17. Gottlos gut sein 81

18. Tugend-Ethik versus Religion 85

19. Von Glück, Maß und Muße 89

20. »Sind wir noch brauchbar?« 93

Teil IV
Vom guten Sterben (ars moriendi)

21. Das Alter bejahen 99

22. Den Tod ernst nehmen 103

23. Das Sterben lernen 109

Teil V
Von der Liebe (ars amandi)

24. »Nicht ist die Liebe gelernt« 117

25. Maria-Kanzeon 121

26. Hand aufs Herz 125

Über den Autor 128

Einleitung

Ein Zürcher Service-Club hatte mich vor Jahren eingeladen, einen Vortrag zu halten.

Ich sprach unter anderem über Meditation und ihre Bedeutung für den Alltag.

Dann folgten Fragen der Teilnehmenden: Wie kann ich Zeit finden für mich? Wie lassen sich Arbeit und Meditation unter einen Hut bringen? Und dann – für mich überraschend – die Frage: Kann ein Atheist meditieren? Ich zögerte kurz und sagte dann entschieden: Ja, er kann. Entweder hört die betreffende Person auf zu meditieren, oder sie hört auf, atheistisch zu sein. Der Fragesteller nickte und schien zufrieden. Aber kaum war ich daheim, kam ein Anruf: Wie das nun sei, mit der Meditation und dem Glauben.

Kann ein Atheist meditieren? Die Frage wurde mir seither von vielen Menschen und in vielen Variationen gestellt: Kann ein Mensch, der nicht glaubt, ein spiritueller Mensch sein? Und wie ist es mit den Agnostikern, die die Frage nach Gott nicht mit »Ja« oder »Nein« beantworten, sondern mit: »Es ist nicht geklärt« oder »Es kann sein« oder »Ich weiß es nicht«? Und wie ist es mit Buddhisten, denen nicht selten vorgehalten wird, sie könnten nicht beten, da sie nicht an Gott glaubten? Und wenn sie doch beten? Wie sieht dieses Beten aus?

Wir stellen diese Fragen nicht abstrakt, sondern ganz konkret: Hat mein buddhistischer Nachbar, meine hinduistische Nachbarin eine Beziehung zu der Wirklichkeit, die wir »Gott« nennen, und gibt er oder sie dieser Beziehung in dieser oder jener Form Ausdruck? Mit

Blick auf den Agnostiker in uns können wir die Frage auch an uns persönlich richten: Kann ich in der sogenannten nachchristlichen Ära noch beten?

Und wie ist es mit der geläufigen Formel »Beten heißt Sprechen mit Gott«? Taugt diese Formel etwas in einer Zeit, da Gott zu schweigen scheint? Muss dann nicht auch der Mensch schweigen? Und welcher Art ist dieses Schweigen?

Ist dieses Schweigen ein Ausdruck der Hilflosigkeit? – Ich möchte schon, aber ich kann nicht mehr beten und ich sehne mich zurück in die Kinderjahre, da mir die Gebete leicht über die Lippen kamen und Gott mir vertraut war, wie der geliebte Teddybär.

Oder ist dieses Schweigen ein Ausdruck von Gleichgültigkeit? – Ich kann ganz gut leben ohne Gott, Gebet und Glauben und möchte mich im Übrigen mehr dem Diesseits als dem Jenseits zuwenden.

Oder ist dieses Schweigen ein »erfülltes Schweigen«? – Ich schweige, nicht weil ich nichts zu sagen habe, sondern, weil das, was ich sagen möchte, sich nicht in Worte fassen lässt.

Wenn wir schon beim Fragen sind: Was meint der heute vielzitierte deutsche Mystiker Meister Eckhart mit dem Wort: »Das Höchste und das Äußerste, was ein Mensch lassen kann, das ist, dass er Gott um Gottes willen lasse?« Darf ich, oder muss ich gar – um auf die rechte Weise beten zu können – Gott loswerden, gottlos werden?

Alle diese Fragen begleiteten mich beim Schreiben dieses Buches. Auf einige habe ich eine Antwort gefunden. Andere Fragen bleiben offen. Ganz im Sinne des Untertitels: Eine spirituelle Wegsuche. Ihnen, liebe Leserinnen und Leser, möchte ich jedenfalls keine fixfertigen Antworten geben. Und schon gar nicht Antworten auf Fragen, die Sie nicht haben. Wohl aber ermutige ich Sie, mit mir in die Fragen hinein zu stehen und gemeinsam einen Weg zu gehen, Antworten zu suchen und vielleicht zu finden.

Bei der Gliederung des Buches habe ich mich von einer theologischen Formel aus dem fünften Jahrhundert inspirieren lassen: *lex orandi, lex credendi* (Gesetz des Betens, Gesetz des Glaubens). Das bedeutet: Es gibt eine Entsprechung zwischen Beten und Glauben. Wie du betest, so glaubst du! Und dann »kreierte« ich im Laufe des Schreibens weitere Entsprechungen: Wie du glaubst, so lebst du; wie du lebst, so stirbst du (*lex credendi, lex vivendi; lex vivendi, lex moriendi*). Ich ersetzte das rigide Wort *lex*, Gesetz, durch das geschmeidige *ars*, Kunst. Und so handelt das Büchlein von der Kunst zu beten, zu glauben, zu leben und zu sterben. Und nicht zuletzt von der Kunst zu lieben: *ars amandi*. Aus all dem wird deutlich, dass es in diesem Buch nicht ausschließlich um das »Beten« geht. Es ist kein Gebetbuch, sondern will vielmehr eine Handreichung sein für eine weltoffene, interreligiöse Spiritualität, die tragfähig ist.

Es war mir wichtig, gängige Denkweisen und Verhaltensmuster, Riten und Rituale, Formen und Formeln, auch bestimmte Lebensformen und einen gewissen Lebensstil aus einer umfassenden spirituellen Sicht zu betrachten. Mehr noch: Ich wollte alte Muster befragen und hinterfragen. Dabei habe ich einen versöhnlichen, einladenden und geerdeten Stil gewählt. Zumindest habe ich diesen Stil gesucht – und ihn nicht zuletzt bei Dichtern gefunden. »Die Dichter müssen / Auch die geistigen weltlich sein.« (Hölderlin)

Der erste, längere Teil, der vom »Beten« handelt, ist eine Art Titelgeschichte. »Beten« ist dabei in Anführungszeichen gesetzt. Es geht mir weniger um Definitionen. Diese sind schon vom Wortsinn her immer auch »Begrenzungen«. Es geht mir vielmehr um die Beschreibung eines radikal offenen Vollzugs, der mystischen Charakter hat und der allen Menschen möglich ist. Mystik ist menschenmöglich.

Niklaus Brantschen
31. Juli 2021
Lassalle-Haus Bad Schönbrunn, Edlibach/Zug

Zur dritten Auflage

Freunde haben mich darauf aufmerksam gemacht, dass ein Wort des indianisch-amerikanischen Juristen und Theologen Vine Deloria gut zum Thema meines Büchleins *Gottlos beten* passt. Gerne stelle ich den provozierenden Satz der dritten Auflage voran: »Religion ist für Menschen, die Angst vor der Hölle haben. Spiritualität ist für Menschen, die durch die Hölle gegangen sind.«
(»Religion is for people who're afraid of going to hell. Spirituality is for those who've already been there.«)

Niklaus Brantschen
1. November 2021

Teil I
Vom »Beten« (ars orandi)

Nicht du trägst die Wurzel,
sondern die Wurzel trägt dich.

Dieses Bibelwort sagt zunächst, dass das Christentum auf dem Judentum aufbaut. Mich persönlich erinnert das Wort auch daran, dass ich so vieles – wenn nicht alles – denen verdanke, die vor mir waren, die vor mir gelebt und geliebt, gehofft und geglaubt, gelitten haben und gestorben sind. Wenn ich »Wurzeln« sage, dann meine ich nicht nur meine Vorfahren. Und ich meine nicht nur die christlich-abendländische Tradition, sondern auch die östliche. Namentlich mit der Zen-Spiritualität durfte ich mich in den vergangenen fünfzig Jahren vertraut machen. So gesehen bin ich doppelt verwurzelt: Ich fühle mich in der Liebe Christi frei und mit Buddha in Ehrfurcht verbunden.

Aus östlicher wie aus westlicher Perspektive nähern wir uns demnach in diesem ersten Teil dem weiten Thema »Beten«. Es wird vom Beten der »Heiden« die Rede sein. Vom Danken ohne Gott. Von der Mystik bei Meister Eckhart und – damit beginnen wir – von der Mystik bei einem »ungläubigen« Menschen.

1. »Auf einmal dazugehören«

Viele Wege führen zur Mitte des Herzens und wieder zurück in die Welt. Allen gemeinsam ist, dass sie von der Oberfläche in die Tiefe, von der Zerstreuung zur Sammlung, vom Vielen und Vielerlei zum Einen führen. Für Zen-Praktizierende ist es das Sitzen in Stille, das Zazen. Für andere ist es eine andere Form der Meditation oder Kontemplation. Nicht wenigen hilft eine gelungene Auszeit, das Leben in seiner Fülle zu spüren und als Geschenk zu erfahren. Manche werden durch eine gehaltvolle Lektüre, zum Beispiel durch einen mehrschichtigen tiefsinnigen Roman, motiviert, die Tiefe des Lebens auszuloten und aus der Illusion des Getrenntseins aufzuwachen.

Für mich war in der Corona-Zeit *Cabo de Gata* von Eugen Ruge ein solcher Roman. Ruge, in Russland geboren, aufgewachsen in der ehemaligen DDR, wurde bekannt durch den Roman *In Zeiten des abnehmenden Lichts*. Sein kleiner Roman *Cabo de Gata*[1] ist ein sprechendes Beispiel dafür, wie ein mutiger Ausbruch aus dem routinemäßigen Alltag und aus der Seins-Vergessenheit zum achtsamen Wahrnehmen des Lebens führen kann und uns dankbarer werden lässt.

Der »Held« des Romans, zunächst ein Mann des Scheiterns, lässt alles hinter sich und fährt vom Zufall geleitet mit dem Zug in den Süden. Er landet zur Winterzeit in einer öden Gegend am südöstlichen Rand Spaniens. Genauer im gottverlassenen Ort Cabo de Gata –

---

1 Eugen Ruge, Cabo de Gata, Hamburg 2013

und will gleich wieder abreisen. Doch er bleibt und richtet sich in der Pension einer alten Witwe notdürftig ein. Die Eintönigkeit der Tage und Wochen, die folgen, ist kaum zu übertreffen: In der Früh *pan integral*, eine Art Vollkornbaguette mit etwas Olivenöl und einer mehr oder weniger reifen Tomate; zur Mittagszeit jeweils am selben hinteren Tisch nach einem immer gleichbleibenden Wochen-Menü-Plan: Salat, Suppe, Fisch; nachmittags zur festgelegten Stunde Kaffee mit einer Runde Billard in einer Bar. Abends dann nimmt er, auf dem Bett sitzend und sich an sechs brennenden Kerzen wärmend, ein wenig selbstgekauften Manchego-Käse zu sich und trinkt preiswerten einheimischen Wein. Dazu regelmäßige Spaziergänge am Strand. Nach dem Frühstück sitzt er jeweils auf der Bank vor dem Haus und erwartet die wärmende Sonne, die – berechenbar und zuverlässig – gegen neun Uhr aufgeht. Monotoner geht's nicht!

Und jetzt kommt im Roman die Stelle, die präzise zum Thema »gottlos« passt[2]: »Ich erinnere mich an das erste, weiß blühende Pünktchen, das über der schwarzen Gebirgskette erstrahlte und sich rasch zu einer mächtigen, blendenden Scheibe vergrößerte; an die sofort spürbare Wärme, an das damit verbundene Glück, ja an das Gefühl, errettet worden zu sein. Noch nie hatte ich so gefroren wie hier im Süden. Und noch nie hatte ich der Sonne gegenüber so etwas empfunden wie – Dankbarkeit.« Und dann schildert der Autor, dass er »auf einmal das intensive Gefühl hatte, zu allem dazuzugehören«, oder umgekehrt: dass alles zu ihm und zu seiner Geschichte gehörte. Und schließlich macht er, der von sich sagt, er glaube nicht an Gott, doch eine

---

2 Die folgenden Zitate ebd. S. 97ff

»Gotteserfahrung«: »Die Sonne glimmt auf über dem schwarzen Gebirge, erstrahlt, breitet sich aus, schickt ihre lebensspendende Wärme in die Welt, und das scheint mir, dem Ungläubigen, angesichts dieser Sonne plötzlich ganz und gar abwegig, ja geradezu *verrückt*, an der Existenz Gottes zu zweifeln.«

Stille und Abgeschiedenheit, das Ertragen des Alleinseins, das Aushalten der Langeweile und Monotonie: All das ermöglicht die Erfahrung, die unser »Romanheld« macht. Dazu kommt (gegen Ende des Romans) das Warten auf die Katze – wohl Symbol des Unverfügbaren: »Sie kam nicht, *weil* ich auf ihr Kommen hoffte. Ich fand sie nicht, *weil* ich sie suchte. Es geschah nichts, *weil* ich immerzu etwas tat. Weil ich immer noch glaubte, ich könnte irgendetwas ausrichten. Weil ich immer noch überzeugt war, irgendetwas hinge von mir ab. Weil ich immer noch hoffte, Erlösung ließe sich erzwingen.«[3]

Haben Sie, liebe Leserin, lieber Leser, ähnliche, vergleichbare Erfahrungen gemacht wie der einsame Besucher von Cabo de Gata? Welche?

Mich persönlich erinnert die Sonnenaufgangs-Szene in Ruges Roman an eine Nacht auf 4000 Meter Höhe. Der Ost-Grat auf dem Zermatter Weisshorn war stark vereist. Wir brauchten beim Aufstieg mehr Zeit als geplant, und so gerieten wir beim Abstieg in die Dunkelheit. Uns blieb nichts anderes übrig, als die Nacht unter freiem Himmel zu verbringen und frierend den Morgen zu erwarten. Wie soll ich das Gefühl, das mich an jenem Morgen beim Aufgang der Sonne über der Mischabel-Gruppe überkam, beschreiben? War es das Gefühl grundtiefer Dankbarkeit oder eher ein Glücksgefühl? Doch warum auseinanderdividieren, was nur

3 Ebd. S. 161

zwei Aspekte der einen Erfahrung sind: der beglückenden Erfahrung, am Leben zu sein!

Dazugehören, Einssein, in Verbindung leben – das sind Erfahrungen, die Eugen Ruge im Roman *Cabo de Gata* beschreibt. Man kann diese Erfahrungen einordnen. Zum Beispiel in die Rubrik »Naturmystik« oder »Sonnenanbetung« oder »Pantheismus«. Man kann. Doch besser ist es zu fragen, wie es überhaupt möglich ist, tiefere – nennen wir sie »spirituelle« oder »mystische« – Erfahrungen zu machen und daraus zu leben. Zu fragen auch nach den Bedingungen für diese Erfahrungen. Der Roman benennt diese: eine gewisse, zumindest zeitweilige Abgeschiedenheit, der einfache Lebensstil, die Tagesstruktur, die Monotonie (zu deutsch: Eintönigkeit), das Nicht-Erzwingen-Können des Wesentlichen – eine Haltung, die sich paradox so formulieren lässt: nichts wollen, aber das mit ganzem Herzen!

* * *

Einsichten sind immer anders als die Vorstellung, die wir im Vorhinein von ihnen haben. Sie stellen sich oft nach langem Suchen ein – und immer unerwartet. Sie sind an keinen Ort, an keine Schule und an keine Religion gebunden. Sie ereignen sich, wann immer der Lärm der Stille weicht, der Alltagstrott den Ritualen, die Hetze der Muße. Plötzlich die Erfahrung: Wir gehören dazu, sind verbunden mit allem und mit allen. Und trotzdem oder besser: Dank dieser Verbundenheit finden wir unsere Identität, unsere Einmalig- und Einzigartigkeit. Wir finden – und das ist der nächst Schritt – die Antwort auf die Frage: Wer bin ich?

2. Wer bin ich?

Wer bin ich – und wenn ja, wie viele? lautet der Titel eines Bestsellers aus der Feder des deutschen Philosophen und Publizisten Richard David Precht. Das Buch – es wurde viel und sehr kontrovers diskutiert – soll uns hier nicht beschäftigen, außer dem ersten Teil des Titels: Wer bin ich?

Die Frage ist alt, und sie ist höchst aktuell: Die Aufforderung, die an einem Tempel in Delphi zu lesen war, gilt auch heute noch: *Gnoti seauton*! (Erkenne dich selbst!) Die Frage wird heute, da wir in einer komplex gewordenen Welt leben, wohl noch dringender gestellt und verlangt nach einer Antwort. Beispielhaft ist der englische Autor Rudyard Kipling in dem Roman *Kim*[4], einem Klassiker der englischen Literatur, der Frage »Wer bin ich?« nachgegangen. Die Suche nach Identität in einer multikulturellen und multireligiösen Welt durchzieht wie ein roter Faden diesen Roman. Worum geht es?

Kimbal O'Hara, genannt Kim, ist der früh verwaiste Sohn eines in Indien verstorbenen irischen Unteroffiziers und einer indischen Mutter. Diese Romanfigur Kim lässt Kipling in den Slums von Lahore aufwachsen. Dort nennen ihn die Einheimischen »Kleiner Freund al-

---

4 Rudyard Kipling, Kim, Zürich 2001.
Für diesen Roman und für das Dschungelbuch hat Kipling 1907 als erster britischer und als bisher jüngster Autor den Literaturnobelpreis erhalten.
Vgl. auch: Niklaus Brantschen, Auf dem Weg des Zen, München 2017, S. 18ff

ler Welt«, denn sie halten ihn für einen der ihren. Der 13-jährige Kim trifft in Lahore einen tibetischen Lama und wird dessen Schüler und Gehilfe. Zugleich behält er seine Kontakte zum muslimischen Afghanen Mahbub Ali, einem Pferdehändler, für den der Junge gelegentlich Spionagedienste übernimmt.

Eines Tages treffen die drei – Hindu, Buddhist, Muslim – wie zufällig auf das Regiment von Kims verstorbenem Vater und dessen einstige Kameraden. Diese wollen den Jungen in ein Jesuiten-Internat stecken, auf dass er »zivilisiert werde«. Kim wehrt sich. Doch der irische Militärkaplan verfrachtet den Jungen in den Zug nach Luknor. Kim legt sich im Zugabteil nieder und grübelt über seine eigene Identität, bis es sich in seinem Kopf dreht. »Nein; ich bin Kim. Das ist die große Welt, und ich bin bloß Kim. Wer ist Kim?«

In den Ferien ist Kim wieder unterwegs. Im Gespräch mit dem Pferdehändler Mahbub kehrt die Frage wieder: »Wer bin ich? Muslim, Hindu, Jain oder Buddhist? Das ist ein schwieriger Knoten.« Der Muslim gibt Kim die verblüffende Antwort: »Du bist ohne jeden Zweifel ein Ungläubiger, und deshalb wirst du verdammt werden. So sagt es mein Gesetz – oder ich glaube, dass es das sagt. Aber du bist auch mein ›Kleiner Freund der ganzen Welt‹, und ich liebe dich. So spricht mein Herz.«

Dann trifft der Junge wieder den Lama. Sie machen sich auf den Weg – »weit, weit in den Norden«. Im Unterwegssein und in der Weite des Landes findet Kim mehr und mehr zu sich: »Eine große und wundervolle Welt – und ich bin Kim – Kim – Kim – allein – eine Person – inmitten von allem.« Eins mit der weiten Welt, macht Kim die Erfahrung, dass sein »kleines Ich« mehr und mehr verschwindet. Er realisiert, dass er *ist*, eine einmalige, einzigartige Person.

Das 13. Kapitel – es ist für mich das schönste des Romans – hebt an mit dem Satz: »Wer in die Berge geht, geht zu seiner Mutter.« Und wie der alte Lama geht! Zum großen Erstaunen des Jungen scheint alle Müdigkeit vom Lama abzufallen. »Dies ist mein Land«, sagt er und schreitet mit stetigen, wuchtigen Schüben aus den Lenden bergan. Allmählich findet auch Kim Freude an der Herausforderung der Berge, trotz Rückenschmerzen und Schwindelgefühl. Aber die Strapazen werden schließlich für den Jungen doch zu groß. Er wird krank. Im Dämmerzustand versichert er sich noch und noch seiner Identität: »Ich bin Kim. Ich bin Kim. Und was ist Kim?«

Die Antwort lässt nicht mehr auf sich warten. Zunächst fühlt sich Kim zwar wie abgekoppelt von der Umgebung. Er weint und schluchzt. Aber dann – plötzlich – macht er eine tiefergehende Erfahrung. Er erfährt, was auch Zen-Meditierende erfahren, nämlich dass alles in der Welt seinen Platz hat: »Dinge, die einen Moment zuvor bedeutungslos vor dem Augapfel herumgetrieben waren, glitten in ihre richtigen Beziehungen. Straßen waren dazu da, auf ihnen zu gehen. Häuser, in ihnen zu leben. Vieh, getrieben zu werden. Felder, bestellt zu werden, und Männer und Frauen, mit ihnen zu reden. Sie alle waren wirklich und wahr – fest auf die Füsse gestellt – vollkommen begreifbar – Lehm von seinem Lehm, nicht mehr und nicht weniger. Er schüttelte sich wie ein Hund, der einen Floh im Ohr spürt, und wanderte zum Tor hinaus.«

So hat Kim zu sich gefunden. Er fand sich – und die ganze Welt. Aber auch für den Lama wird das Suchen zum Finden: »Dann war meine Seele ganz allein, und ich sah nichts, denn ich war alle Dinge.« Am Ende des Romans sagt der Lama zum Pferdehändler Mahbub Ali:

»Kim hat mir bei meiner Suche geholfen. Ich half ihm bei seiner.«

Die Einsicht, die Rudyard Kipling im Roman *Kim* ausbuchstabiert, hat er bereits rund zehn Jahre zuvor in der *Ballade von Ost und West* verdichtet:

»Oh, Ost ist Ost, und West ist West,
und es verbindet sie nichts,
bis Himmel und Erde stille stehen,
am Tage des Jüngsten Gerichts.
Doch zählen weder Ost noch West,
Erziehung, Geburt oder Geld,
wenn zwei starke Menschen ins Antlitz sich sehen,
und käm sie vom Ende der Welt!«

* * *

Wenn Menschen unterschiedlicher Herkunft und Prägung, wie Kim, der tibetische Lama und der Afghane Mahbub Ali, sich auf der Herzensebene begegnen und sich miteinander auf einen (spirituellen) Weg begeben, finden sie über die Anderen, die Fremden, zu ihrer Identität. Es treffen sich unterschiedliche Kulturen und verschiedene Religionen und es kommt zusammen, was nicht zusammenzugehören scheint: Ost und West. Und der Westen lernt vom Osten, auch in Sachen »Beten«. Zumindest, wenn wir – und das soll im Folgenden aufgezeigt werden – »Beten« als radikale Offenheit und als Akt der Ehrfurcht und der Verehrung verstehen.

3. Buddha in Ehrfurcht verbunden

Der Dichter Rudyard Kipling, der übrigens mehrmals Japan bereist hat, stellte dem Roman *Kim* die erste Strophe seines Gedichtes *Buddha at Kamakura* voran:

»Ihr da, die ihr geht
den schmalen Pfad zum jüngsten Tag,
seid milde, wenn die Heiden beten
zu Buddha in Kamakura!«

Kipling gibt zu verstehen, man möge Nachsicht üben, wenn doch geschieht, was nicht geschehen darf, dass nämlich die »Heiden«, die Ungetauften, die Buddhisten beten.

Können Buddhisten beten? Anders gefragt: Was mag in Menschen vorgehen, wenn sie beispielsweise in Ehrfurcht vor dem großen Buddha in Kamakura stehen? Um uns einer Antwort auf diese Fragen zu nähern, wollen wir der »Seele des Ostens« noch tiefer nachspüren. In Kiplings Buddha-Gedicht findet sich ein Vers, der lautet: »May feel the soul of all the East / About him at Kamakura.« Der Dichter war mit Recht überzeugt, dass wir durch das Hören der Gongs und Tempelglocken der fernen Welt begegnen und sie besser verstehen können. Der »Seele des Ostens« durfte auch ich in Kamakura begegnen.

Kamakura, Stadt der Tempel und Touristen. Alte Kaiserstadt am Meer gelegen. Für mich Stadt reicher Erinnerung. Ich habe ihre Straßen und Gassen mit dem Fahrrad erfahren, die bewaldeten Hügel ringsum erwandert, im Winter gefroren, in schwülheißen Sommern im Meer Kühlung gesucht. Ich habe manchen Tempel fotografiert, bin vor den Teichen des Hachimangu-Schreins gestanden und sah die Seerosen erblühen. Vor allem aber meditierte ich unter der Leitung von Yamada Roshi in der Zen-Halle, die nur ein paar Gehminuten vom »Großen Buddha« (*Daibutsu*) entfernt stand. Sooft ich im Sommer zur Zen-Praxis nach Kamakura kam und jeweils am Tag vor der Abreise im Herbst, besuchte ich das Wahrzeichen der Stadt: den »Großen Buddha«.

Die Zahlen sind beeindruckend: über 13 Meter hoch, 100 Tonnen schwer, 800 Jahre alt. Und doch wirkt der in meditativer Haltung sitzende Koloss leicht, beinahe elegant. Seit fünf Jahrhunderten, seit der Zeit, da ein Tsunami das hölzerne Gebäude, das den Buddha barg, weggerissen hatte, sitzt der Freiluft-Buddha da: Wind und Wetter, Hitze und Kälte ausgesetzt. Eine Umfriedungsmauer trennt großräumig den Platz rund um die Figur und schützt ihn vor dem Lärm der Straße. Bei meinen Besuchen pflege ich mich auf einen Felsblock rechts vom »Großen Buddha» zu setzen und wahrzunehmen, was sich auf dem Platz ereignet. Menschen kommen – und bleiben. Irgendwie, so scheint es mir, übertragen sich die Stille und die Kraft des »Großen Buddha«, ja, des ganzen Platzes und der bewaldeten Hügel ringsum auf die Besucherinnen und Besucher. Es ist kein lautes Wort, überhaupt kein Wort zu hören. Die Menschen schweigen, sind gesammelt, ergriffen. Sie stehen da, falten die Hände, verneigen sich. Was man »Gebetsgebärde« nennt – hier ist sie zu sehen!

Ich sitze da und lasse die Kraft des Ortes auf mich wirken. Ich tue das, was der »Große Buddha« in Kamakura seit Jahrhunderten die Besucher und Besucherinnen zu tun inspiriert: Ich richte mich auf, schließe die Augen halb und lege die Hände in den Schoß. Ich achte auf den Atem und lasse mir Zeit. Allmählich stelle ich fest, wie das Herz das tut, was es im Grunde immer tun möchte: Es hebt sich, weitet sich, es »betet« ganz spontan und seinem innersten Wesen entsprechend.

Mein verehrter Lehrer Yamada Roshi hat nicht oft von »Gebet« gesprochen. Aber wenn er es tat, gab er uns damit ein eindrückliches Zeugnis. So sagte er zum Beispiel in einer Zen-Unterweisung: »Denjenigen unter euch, die das Gefühl haben, gegen eine Wand zu laufen und nicht voranzukommen, rate ich dringend zu inständigem Beten ... Für uns ist es auch wichtig, gemeinsam zu beten. Gebet ist keineswegs eine Spezialität nur für Christen. Wir sollten uns Dôgen Zenjis Religiosität zum Vorbild nehmen, die mit ihrer absoluten Reinheit einem kristallklaren Juwel gleicht, und in schwierigen Phasen das Gebet intensivieren.«[5]

Mehr als solche Worte haben mich Haltung und Gesten von Meister Yamada überzeugt. Die Art und Weise, wie er die Hände faltete, sich voller Ehrfurcht und kindlicher Andacht verneigte und bei bestimmten Zeremonien niederwarf, mit der Stirn den Boden berührend – all das machte mir deutlich: Es gibt eine Wirklichkeit, die nicht beredet, sondern schweigend verehrt werden will.

Wenn es um das »Gebet« bei Buddhisten geht, verweise ich gerne auch auf einen anderen zeitgenössischen buddhistischen Weisen, nämlich auf den Gelehrten und Zen-Meister Daisetz T. Suzuki. In seiner Schrift

---

5 Yamada Kôun Roshi, Hekiganroku, Band 1, München 2002, S. 471f

Ur-Erfahrung und Ur-Wissen[6] kommt er zu folgendem Schluss: Das Gebet ist vom Verstand her gesehen eine »Form des Widerspruchs, denn es weigert sich, dem natürlichen Lauf der Dinge Gehorsam zu leisten – darin ist es ganz und gar menschlich. Tiere beten nicht, ebensowenig die Engel und die Götter. Nur der Mensch betet.« Zwar scheint das Gebet, so Suzuki, nicht viel zur Bewältigung des Lebens beizutragen, »aber wie wenig das auch sein mag, es bringt den für das Leben entscheidendsten Faktor der menschlichen Natur ins Spiel. Denn das Gebet vermag das menschliche Herz aus seinem Schlaf wieder wachzurütteln.«

Das »Gebet« im Sinne radikaler Offenheit hebt uns über uns selbst hinaus. In Anlehnung an D.T. Suzuki dürfen wir auch sagen: Beten hält die Luke unseres Lebensschiffes offen, damit wir die Sterne sehen und atmen können.

* * *

Angesichts des »Großen Buddha« in Kamakura ist mir bewusst geworden, wie allein durch die Anschauung und das Wahrnehmen eines Ortes, eines Bildnisses, der Geist, der diesen Ort und dieses Bildnis geschaffen hat, sich auf die Besucherinnen und Besucher auswirkt. Dazu fällt mir Rainer Maria Rilke ein, dem ebenfalls – wie wir gleich sehen werden – in der Begegnung mit einer Buddha-Statue tiefe Einsicht zuteil geworden ist, nämlich dass alles »wie ohne Alter« ist.

6 Heute im Herder Spektrum Nr. 4197 unter dem Titel *Wesen und Sinn des Buddhismus*. Die folgenden Zitate finden sich auf S. 54f

4. »Und alles ist wie ohne Alter«

Rainer Maria Rilke ist der Dichter der Anschauung und der inneren Schau. Man lese dazu sein Gedicht *Der Schauende* und folge der Spur des Weges, auf dem Rilke zu tiefem Verständnis des Buddhismus geführt wurde. Diesen Weg wählen wir und lassen uns von der Begegnung Rilkes mit einer Buddha-Statue leiten. Diese Begegnung ist ein »einzigartiger Dialog«[7], ein Dialog, der nicht in Worten geführt wird, sondern ganz von der Anschauung lebt.

Ich hole etwas aus. Auf meiner ersten Reise nach Japan im Jahre 1976 habe ich auf Java, Indonesien, haltgemacht. Auf dem Programm stand unter anderem der Besuch der Tempelanlage Borobudur in der Nähe von Yogyakarta. Das zum Weltkulturerbe gehörende mahayana-buddhistische Bauwerk aus dem achten Jahrhundert gilt als Symbol des Weges von der Welt der Begierden über die Welt der Formen zur formfreien Welt. Das Kunstwerk erschließt sich nicht den eiligen Touristen, sondern jenen, die verweilen und aufmerksam schauen.

Rilke war nie in Java, aber er bekam eine der vielen Buddha-Statuen aus der Borobudur-Tempelanlage zu Gesicht. Genauer gesagt: Es war eine Kopie, die er zu Gesicht bekam. Wie kam es dazu?

Bei der Weltausstellung in Paris 1900 stellte Holland in seinem niederländisch-indischen Pavillon eine An-

---

7 Vgl. dazu: Karl-Josef Kuschel, Rilke und der Buddha. Die Geschichte eines einzigartigen Dialogs, 2010. Die folgenden Zitate sind diesem Buch entnommen.

zahl Gipskopien der Buddhas von Borobudur aus. Der Bildhauer Auguste Rodin, ein Liebhaber asiatischer Kunst, fand Gefallen an diesen Plastiken. Die Ausstellungsstücke aus dem Osten waren für ihn der Höhepunkt der Ausstellung: »Le clou de l'exposition«, wie Rodin in einem Statement in »La Presse« verlauten ließ. Prompt erstand er mehrere Kopien der Buddha-Statuen und platzierte eine davon auf einem eigens dafür aufgeschütteten kleinen Hügel vor seinem Haus in Meudon bei Paris.

Und jetzt kommt Rainer Maria Rilke ins Spiel. Als Gast von Rodin begegnet er im Herbst 1905 dieser Statue – und ist wie elektrisiert. Noch ganz unter dem ersten Eindruck schreibt er am 20. September 1905 an Clara Westhoff: »Nach dem Abendessen ziehe ich mich bald zurück, bin um halb neun längstens in meinem Häuschen. Dann ist vor mir die weite blühende Sternennacht, und unten vor dem Fenster steigt der Kiesweg zu einem kleinen Hügel an, auf dem in fanatischer Schweigsamkeit ein Buddha-Bildnis ruht, die unsägliche Geschlossenheit seiner Gebärde unter allen Himmeln des Tages und der Nacht in stiller Zurückhaltung ausgebend. C'est le centre du monde, sage ich zu Rodin. Und dann sieht er einen so lieb an, so ganz Freund. Das ist sehr schön und sehr viel.« Und in einem anderen Brief, wenige Monate später, an dieselbe Adresse: »Und ich stehe an meinem Pult, das Fenster ist offen … Und der Buddha ist groß und wissend, und man denkt, der Saft steigt in ihm. Und man möchte es ihm ansehen, dass er die ganze Nacht Herr über unzähliges Mondlicht war.«

Rilke hatte keine theoretischen Kenntnisse vom Buddhismus wie etwa Schopenhauer, Nietzsche und Hesse. Sein Zugang geht über die Anschauung und über das

Sich-betreffen-Lassen. Rilke spürt zutiefst: Von der Buddhastatue vor dem Fenster geht eine tiefe Stille aus. Der Dichter nennt sie pointiert »fanatisch«. In der »unsäglichen Geschlossenheit« der Figur entdeckt er eine kraftvolle Zentrierung, ja, die »Mitte der Welt«. Vorbereitet für diese Erfahrung ist Rilke wohl auch durch sein früheres Gedicht *Wenn es nur einmal so ganz stille wäre.* Dieses Gedicht findet sich im *Stundenbuch*, und zwar im *Buch vom mönchischen Leben.* Doch das Suchen der Stille ist nicht Mönchen und Nonnen vorbehalten. Oder anders gesagt: »Mönche« und »Nonnen« finden sich überall, auch mitten auf dem »Marktplatz«. Darum sind für Rilke Stille und Rückzug nicht Selbstzweck. Wer das Alleinsein anstrebt, ohne die Öffnung auf die andern und auf die Welt hin zu wollen, bleibt in der Innerlichkeit stecken und verliert sich selbst. Es gilt – wie Rilke im letzten Vers des Stille-Gedichtes sagt –, die Stille *»an alles Leben zu verschenken wie einen Dank«.*

Zurück nach Meudon bei Paris: Die Buddha-Figur vor seinem Fenster hat Rilke zu mehreren Gedichten inspiriert. Das erste – es entstand kurz nach dem zitierten Brief an Clara Westhoff – endet mit den Versen:

»Denn das, was uns zu seinen Füßen reißt,
das kreist in ihm seit Millionen Jahren.
Er, der vergißt, was wir erfahren
und der erfährt, was uns verweist.«

Die Gedichtzeile »Was uns zu seinen Füssen reißt« erinnert an die Menschen in Kamakura, die sich vor dem »Großen Buddha« in Andacht und Hingabe verneigen. Auch Rilke wird – und das bringt er in seinen Buddha-Gedichten zum Ausdruck – überwältigt und durch eine einfache Gebets-Gebärde »verwiesen«. Verwiesen auf was? Auf die »Millionen Jahre«. In der Sprache des Zen: auf die Zeit-Freiheit, auf die Leere-Unendlichkeit.

In wenigen Versen des eingangs erwähnten Gedichts *Der Schauende* bringt Rilke diese tiefe Einsicht verdichtet zum Ausdruck:

»Und alles ist wie ohne Alter:
Die Landschaft, wie ein Vers im Psalter,
ist Ernst und Wucht und Ewigkeit.«

Im Betrachten, besser: im Schauen wird die schauende Person eins mit dem »Geschauten«. Diese tiefe Verbundenheit nennt Rilke »Freundschaft«: »Und dann sieht er einen so lieb an, so ganz Freund.« (Ähnlich ergeht es mir mit einer Ikone, die ich immer im Reisegepäck habe und die bekannt ist als *Christus und Abbas Menas*. Das koptische Bild aus dem sechsten Jahrhundert wird sinnvollerweise auch betitelt mit »Jesus und sein Freund« oder »Ikone der Freundschaft«.)

* * *

Es gibt »Etwas«, das ohne Alter und ohne Zeit ist, das an keinen Ort gebunden und namenlos ist. Können wir dem gegenüber dankbar sein? Können wir – wie Rilke sagt – es an alles Leben »verschenken wie einen Dank«? Und was meint dann »Dank«? Genau das ist die kontroverse Frage, der wir uns im Folgenden zuwenden.

5. Gottlos dankbar

Ein eindrückliches Beispiel für Dankbarkeit verkörperte der buddhistische Mönch Thich Nhat Hanh (geb. 1926–2022). Er war vietnamesischer Zen-Meister, Friedensaktivist und engagierte sich im interreligiösen Dialog. Für ihn war Dankbarkeit nicht zu haben ohne Achtsamkeit. Das wurde mir deutlich, als ich ihn im März 1992 zusammen mit Pia Gyger im Bauerngehöft *Plum Village*, unweit Bordeaux, in Südfrankreich besuchen durfte. Wir aßen mit einigen anderen Gästen und mit vietnamesischen Schwestern zu Mittag. Schweigen. Achtsamkeit bei jedem Bissen Reis und Gemüse. Später dann eine persönliche Begegnung beim Tee. Zuerst wieder Schweigen. Volle Konzentration auf das Teetrinken, als ob es sonst nichts auf der Welt gäbe.

Achtsamkeit, auch und gerade beim Essen, war für Thich Nhat Hanh eine wichtige Lebensregel. So berichtete er uns von einer Begegnung mit einem jungen amerikanischen Friedensaktivisten namens Jim. Dieser pflegte sich beim Essen so sehr in seine Zukunftspläne zu verlieren, dass er ganz unachtsam aß: »Jim steckte ein Stück Mandarine in den Mund, und bevor er mit Kauen angefangen hatte, war er schon dabei, das nächste Stück in den Mund zu stecken. Er merkte kaum, dass er eine Mandarine aß. Ich brauchte lediglich zu sagen: ›Du solltest zuerst das Stück essen, das du im Mund hast‹, und Jim sah, was er tat. Es war so, als ob er überhaupt keine Mandarine gegessen hätte. Wenn er irgendetwas gegessen hatte, dann vielleicht seine Zukunftspläne.«[8]

In seinem Buch *Lebendiger Buddha, lebendiger Christus*[9] berichtet Thich Nhat Hanh, wie ihm auf einer Konferenz über Religion und Frieden, auf der er über Dankbarkeit gesprochen hatte, ein evangelischer Pfarrer gesagt habe: »Sind Sie ein dankbarer Mensch? Wenn Sie wirklich dankbar sind, warum glauben Sie dann nicht an Gott? Gott hat alles geschaffen, was wir genießen, auch das Essen, das wir zu uns nehmen. Weil Sie nicht an Gott glauben, sind Sie für nichts dankbar.« Thich Nhat Hanh, so berichtet er weiter, dachte für sich: »Ich fühle mich außerordentlich dankbar für alles. Sooft ich eine Speise berühre, sooft ich eine Blume sehe, sooft ich die frische Luft einatme, fühle ich mich dankbar. Warum meinte der, dass ich nicht dankbar sei?« Und dann erinnert sich Thich Nhat Hanh an ein buddhistisches Erntedankfest, das er mit Gästen in *Plum Village* zu feiern pflegte: »An diesem Tag üben wir wirklich Dankbarkeit, indem wir unseren Müttern, Vätern, Vorfahren, Freunden und allen Wesen für alles danken. Wir fühlen eine große Dankbarkeit für jeden und für alles.«

Das Gespräch zwischen dem evangelischen Pfarrer und dem buddhistischen Mönch ist ein Musterbeispiel eines Dialogs, der nicht gelingen kann. Die beiden reden aneinander vorbei. Der Pfarrer ist überzeugt, dass Menschen, die (seiner Meinung nach) nicht an Gott glauben, nicht dankbar sein können. Er scheint dem

---

8 Vgl. dazu Thich Nhat Hanh, Das Wunder der Achtsamkeit. Einführung in die Meditation, 1990, S. 13

9 Thich Nhat Hanh, Lebendiger Buddha, lebendiger Christus. Verbindende Elemente der christlichen und buddhistischen Lehren, 1995, S. 49f

buddhistischen Mönch zu sagen: Warum beachtest du nur die Gaben und nicht den Geber aller Gaben? Warum siehst du nicht die letzte Instanz und beachtest nicht, was hinter allem ist? Du bleibst bei den Geschöpfen stehen, gehst nicht weiter zum Schöpfer und gibst ihm nicht die Ehre. Thich Nhat Hanh seinerseits scheint zu sagen: Ich verstehe dich nicht. Wenn du wirklich achtsam wärest und tief dankbar gegenüber allem, was ist, was dir widerfährt, was du sehen, erspüren, genießen kannst, dann würdest du mich nicht als »gottlos« bezeichnen.

Für den evangelischen Pfarrer ist Dankbarkeit unabdingbar auf ein Du gerichtet. Dingen der Natur, dem Leben und unpersönlichen Mächten gegenüber kann man nicht Dank empfinden. Und zudem gilt es für ihn, diesem Dank in Worten, in einem Dankgebet, Ausdruck zu verleihen. Für den buddhistischen Mönch dagegen wird die »Adresse« des Dankes weder genannt noch geleugnet. Sie ist weder persönlich noch unpersönlich. Wohl aber überpersönlich. Sie ist so sehr umfassend, dass ihr gegenüber Ergriffenheit und eine äußere Geste als Dank angemessen sind – und genügen.

Einen versöhnlicheren Ton im interreligiösen Dialog finden wir bei Meister Shimano und bei dem Benediktinerpater David Steindl-Rast.

Eido Tai Shimano (1932–2018), ehemaliger Leiter des Hauses für Zen-Studien in New York, antwortet auf die Frage nach der Existenz Gottes so: »Vor ein paar Tagen ging ich am Fluss entlang. Der Wind wehte. Plötzlich dachte ich: ›Oh, die Luft existiert wirklich!‹ Wir wissen, dass die Luft da ist, aber solange uns nicht der Wind ins Gesicht weht, sind wir uns ihrer nicht bewusst. Vom Wind umweht, wurde mir plötzlich bewusst, dass sie wirklich da ist. Genauso ist es mit der Sonne.

Plötzlich nahm ich die Sonne wahr, die durch die kahlen Bäume schien. Ihre Wärme, ihre Helligkeit – alles vollkommen frei, vollkommen gratis. Wir können sie einfach genießen. Und ohne es bewusst zu wollen, völlig spontan, legte ich die Hände gegeneinander und machte ›gassho‹. Da wurde mir klar, dass es nur darauf ankommt: dass wir uns verbeugen, tief verbeugen können. Nur das. Einfach nur das.«[10]

David Steindl Rast meint dazu, wenn wir solcherweise zu empfinden vermöchten, müssten wir nicht über Dankbarkeit nachdenken und darüber reden, »und viele der Widersprüchlichkeiten, die unsere Welt zerreißen, wären sofort aufgehoben«.[11] Steindl Rast spricht von »elementarer Dankbarkeit«. Man könnte auch von einer existenziellen oder gar von einer »Seins-Dankbarkeit« sprechen. Seins-Dankbarkeit meint: sich des Seins dankbar innewerden. Erfahren, dass es nicht nur dies oder jenes und so vieles gibt, sondern dass es überhaupt etwas gibt und dass auch ich bin – und ein »schön menschlich Antlitz habe« (Matthias Claudius).

* * *

Bisher haben wir unseren Blick vor allem nach »Osten« gewandt und den Fragen nachgespürt: Wie erfahre ich Einheit? Wer bin ich angesichts einer multikulturellen, multireligiösen Welt? Kann ich ohne »Gott« dankbar sein? Es ist Zeit, die christlich-abendländische Tradition zu diesen Themen zu befragen. Allen voran geben wir dem deutschen Mystiker Meister Eckhart das Wort.

---

10 Zitiert bei David Steindl Rast, Achtsamkeit des Herzens, Herder spektrum 2005, S. 135

11 Ebd.

6. »Einer, der mehr wissen wollte«

Avignon, 27. März 1329. Am damaligen Hof des Papstes setzt Johannes XXII. schwungvoll seine Unterschrift unter ein Schreiben[12], mit dem es Meister Eckhart an den Kragen gehen soll. Man wolle den Samen des Unkrautes im Keim ersticken, damit dieser nicht in der katholischen Wahrheit fröhlich aufgehe. Darum »tun wir mit Schmerz kund, dass in dieser Zeit einer aus deutschen Landen, Eckhart mit Namen, und, wie es heißt, Doktor und Professor der Heiligen Schrift aus dem Orden der Predigerbrüder, mehr wissen wollte, als nötig war ... Dieser irregeleitete Mensch hat Lehrsätze vorgetragen, die den wahren Glauben in den Herzen vieler vernebeln.«[13]

Wer ist dieser gefährliche Dominikaner, von dem Josef Quint, ein profunder Kenner Meister Eckharts, sagt, er sei ein »überragender Geist«, »schöpferisch begabt« und der beredtste Vertreter deutscher Mystik? Meister Eckhart (1260–ca.1328) beeindruckt allein schon durch seine Wirksamkeit, um nicht zu sagen: Effizienz. Wie später der spanischen Mystikerin Teresa von Ávila gelang es ihm, Spiritualität und Alltag zu verbinden. Wie sie, war auch er ordensintern höchst engagiert, sei es als Hausoberer, sei es als Verantwortlicher für 47 Männerklöster. Dazu kam eine vielfältige Lehrtätig-

12 Das Original ist in digitaler Form online zu bewundern.

13 Bulle Johannes XXII., In agro dominico vom 27. März 1329, in: Josef Quint, Meister Eckehart. Deutsche Predigten und Traktate, München 1963, S. 449

keit. Wiederholt dozierte er als *Magister* – daher der Name *Meister* Eckhart – an der berühmtesten Universität der damaligen Zeit, an der Pariser Sorbonne. Er unterrichtete auch in Straßburg und zuletzt in Köln. Ganz zu schweigen von seiner Tätigkeit als Schriftsteller und Prediger.

Wie brachte Meister Eckhart all das unter einen Hut? Wie konnte er so aktiv sein, äußerst produktiv, stets in Bewegung und zugleich so »spirituell«, so ruhig und nach innen gekehrt? Die Antwort ist, wie wir gleich sehen werden, einfach. Zunächst aber soll uns die Frage beschäftigen, wie es zu der Verurteilung des Meisters kam.

Nun, zwei Dominikaner-Patres, die Eckhart als Oberer maßregeln musste, schwärzten ihn beim Bischof Heinrich von Köln an. Dieser erwirkte mit erstaunlicher Hartnäckigkeit vom Papst die Verurteilung einiger Thesen Eckharts. Genau genommen sind es 28 Sätze, die in dem bereits erwähnten Schreiben teils als häretisch, teils als häresieverdächtig eingestuft wurden.

Die »Bulle«, so nennt man derlei Schreiben, wurde erst nach dem Tod Eckharts veröffentlicht. Ihre Gültigkeit bezog sich nur auf den Bereich der Diözese Köln. Zudem hat Eckhart in einer Stellungnahme auf sehr geschickte, selbstbewusste Art der Verurteilung schon vorweg den Wind aus den Segeln genommen. Nicht ohne Stolz hielt er fest, dass er gemäß den Privilegien seines Ordens nur der Pariser Universität und dem Papst verantwortlich sei. Er wolle aber Rede und Antwort stehen, damit man nicht glaube, er gehe feige den Auseinandersetzungen aus dem Weg. Im Übrigen sei er erstaunt, dass man ihm seine Schriften nicht viel mehr angekreidet habe, da er ja Hunderte von Äußerungen getan hätte, die beschränkte Leute nicht verstehen könnten. Ohne seine Äußerungen zurückzunehmen, hält er fest, dass er vor allem Volk widerrufe, sollte es jemandem gelingen, ihm einen Irrtum nachzuweisen, den er geschrieben, gesprochen oder gepredigt habe, öffentlich oder geheim, wo und wann immer, direkt oder indirekt.

Es half nichts. Meister Eckhart wurde, zumindest »regional«, verurteilt. Damit sollte verhindert werden, dass die Lehre Eckharts weiter verbreitet werde, zumal beim einfachen Volk. Dieser Plan misslang, jedenfalls auf lange Sicht. Der Mystiker aus Erfurt ist bekannter denn je. Seine Einsicht ist für unzählige Menschen zur Inspiration geworden. Diese Einsicht findet sich in einem vom Papst verurteilten Satz: »Es ist etwas in der Seele, das unerschaffen und unerschaffbar ist.«[14] Was ist dieses »Etwas«, dieses »Aliquid«, das nicht geschaffen ist?

Eckhart gibt diesem »Etwas« viele Namen, wohl wissend, dass keiner passt. Er nennt es Kraft oder Stille oder Licht: »Ich habe zuweilen von einem Licht gesprochen, das in der Seele ist, das ist ungeschaffen und unerschaffbar. Dieses nämliche Licht pflege ich immerzu in meinen Predigten zu berühren.«[15]

In einer Predigt zählt er auf, was es sein könnte: »Bisweilen habe ich gesagt, es sei eine Kraft; bisweilen habe ich gesagt, es sei ein Licht des Geistes; bisweilen habe ich gesagt, es sei ein Fünklein. Nun aber sage ich: Es ist weder dies noch das; trotzdem ist es ein Etwas, das ist erhabener über dies und das als der Himmel über der Erde. Darum benenne ich es auf eine edlere Weise, als ich es je benannte, und doch spottet es sowohl solcher Edelkeit und ist darüber erhaben. Es ist von allen Na-

14 Ebd. S. 454

15 Predigt 34, ebd. S. 315

men frei und aller Formen bloß, ganz ledig und frei.«[16] Es ist nicht an Raum und Zeit gebunden, ist still, unbewegt, und es bewegt doch alle Dinge.[17]

Fragen wir abschließend nach dem »Geheimnis« von Eckharts kraftvollem Wirken, so finden wir bei Josef Quint eine Antwort, wie sie kaum treffender sein könnte: »Man hat von Eckhart gesagt, es mache seine Größe aus, dass er eigentlich nur einen einzigen Gedanken habe, einen Gedanken zwar, tief und erhaben genug zum Leben wie zum Sterben.«[18] Dieser Gedanke, besser, diese Einsicht, die der Meister in großartiger Eintönigkeit variiert, lautet: Es gibt »etwas« in der Seele, das ohne Anfang und ohne Ende ist. Ein Schüler Eckharts, Johannes Tauler, sagte über den Meister: »Er sprach aus der Ewigkeit, und ihr versteht es nach der Zeit.«

* * *

Meister Eckhart wurde von päpstlicher Seite bescheinigt, dass er mehr wissen wollte als nötig. Er wollte nicht nur mehr wissen, er wollte mehr sehen, und vor allem tiefer sehen. Er wollte das »Etwas« in der Seele erfahren. Wie aber – so stellt sich die Frage – wird dieses »Etwas« erfahren?

---

16 Predigt 2, ebd. S. 163. »Aller Namen frei und aller Formen bloß«, dieses Wort erinnert an das Herz-Sutra, welches das Thema »Form ist Leere; Leere ist Form« variiert.

17 Vgl. Predigt 34, ebd. S. 316

18 Ebd. S. 21

7. »Schauen und das Geschaute selbst sein«

Um es gleich zu sagen: Was Eckhart Licht oder Kraft oder Stille oder ganz einfach »Etwas« nennt, ist allen zugänglich, genauer gesagt: von allen erfahrbar – unabhängig von Stand und Bildung, von Religion und Konfession, von Alter und Geschlecht. Es ist erfrischend zu lesen, wie Eckhart dem Vorwurf begegnet, er profaniere die hohe Gelehrsamkeit und lege sie den Ungebildeten vor – und auch noch in der Sprache des Volkes, in Deutsch. An die Adresse der Traditionalisten gerichtet, sagt er in seinem *Buch der göttlichen Tröstung* nicht ohne Ironie: »Soll man nicht ungelehrte Leute lehren, so wird niemals wer gelehrt, und so kann niemand dann lehren oder schreiben. Denn darum lehrt man die Ungelehrten, dass sie aus Ungelehrten zu Gelehrten werden. Gäbe es nichts Neues, so würde nichts Altes.«[19]

Man beachte: Scharfsinnig gibt hier Meister Eckhart den Verfechtern des ewig Gestrigen zu bedenken, dass ohne das »Neue« »Altes« gar nicht möglich ist: Wenn alles alt ist, ist nichts mehr alt!

Das »Etwas« ist, wie gesagt, allen zugänglich. Mystisches Erkennen kennt nur eine Voraussetzung, nämlich die, dass der Mensch und die Wahrheit eins sind: »Wer diese Rede nicht versteht, der bekümmere sein Herz nicht damit. Denn solange der Mensch dieser Wahrheit

19 Josef Quint, Meister Eckhart. Deutsche Predigten und Traktate, München 1963, S. 139

nicht gleicht, so lange wird er diese Rede nicht verstehen.«[20]

Der Wahrheit gleichen, um zu verstehen! Dass Gleiches nur von Gleichen erkannt werden kann, wusste Eckhart lange vor Johann Wolfgang von Goethe. Dieser formuliert in *Zahme Xenien*[21]:

»Wär nicht das Auge sonnenhaft,
Die Sonne könnt es nie erblicken;
Läg nicht in uns des Gottes eigne Kraft,
Wie könnt uns Göttliches entzücken?

Was auch als Wahrheit oder Fabel
In tausend Büchern dir erscheint,
Das alles ist ein Turm zu Babel,
Wenn es die Liebe nicht vereint.«

In der 28. Predigt charakterisiert Eckhart mit meisterlicher, kaum überbietbarer Präzision den Vorgang des Verstehens. Es ist nicht gegenständlicher, sondern – wie soll ich sagen? – in-ständlicher Art. Begeistert ruft Eckhart von der Kanzel: »Wie wunderbar: draußen stehen wie drinnen, begreifen und umgriffen werden, schauen und zugleich das Geschaute selbst sein, halten und gehalten werden – *das* ist das Ziel, wo der Geist in Ruhe verharrt, der lieben Ewigkeit vereint.«[22]

Wo Draußen und Drinnen, Schauen und Geschautes, Subjekt und Objekt sich vereinen, wird tiefes Verstehen möglich, eröffnet sich der Blick in das eigene Wesen und in das Wesen aller Dinge. Dieses Miteinander von

---

20 Predigt 32. Ebd. S. 309
21 J. W. von Goethe, Zahme Xenien III
22 Predigt 28, a.a.O. S. 285

Schauen und Geschautem – wir sind ihm bereits im vierten Kapitel begegnet – ist Resonanz in höchstem Maß. Sie lässt sich so auf den Punkt bringen: »Nicht zwei – nicht eins.« Die Wirklichkeit, die *eine* ist, zeigt sich als Verschiedenheit. Und was verschieden ist, wird im Einklang mit dem Einen als einmalig, einzigartig erfahren. Einheit, Verschiedenheit, Einzigartigkeit: So lautet die Formel, die dem tieferen Verstehen, dem Verstehen von innen her, zugrunde liegt.

Auch hier lässt sich der Bezug zur Zen-Spiritualität leicht feststellen: Konchi Sosan, der dritte Patriarch des Zen in China, hat das Mit- und Ineinander von scheinbaren Gegensätzen knapp und klar formuliert: »Eins ist alles – alles ist eins.« Als einmaliges, einzigartiges Individuum »verweile« ich im »Raum« der Zeitfreiheit und bin so eins mit allem und allen.

* * *

Wir haben gesehen: In der Zeitfreiheit, in der wir eins sind mit allem und allen, eins auch mit der Wirklichkeit, die wir »Gott« nennen, werden wir der Wahrheit gleich. Mit anderen Worten, mit den Worten Eckharts gesagt: »Schauen und das Geschaute selbst sein« macht wahres Erkennen möglich. Ein Erkennen, das über das übliche Verstehen weit hinausgeht. Es ist Mystik »par excellence« und ermöglicht das Gebet, das ohne Worte auskommt.

In der bisherigen Darstellung des großen deutschen Mystikers Eckhart fehlt noch ein Stichwort. Es ist ein Wort, das die deutsche Sprache der schöpferischen Kraft des Meisters verdankt: *Gelassenheit.*

8. Gelassen ist, wer sich gelassen hat

Gelassenheit ist in. Es wird viel darüber geschrieben und es fehlt nicht an Schriften und Seminaren, die zu Übungen der Gelassenheit einladen. Meist sind sie psychosomatischer Art. Beim Autogenen Training etwa lernen die Übenden, körperliche Funktionen wie Muskelarbeit, Atmung und Herzschlag zu beachten. Davon wird eine beruhigende und kräftigende Wirkung für die Psyche erwartet. Sie lernen auch, durch Formeln das Unterbewusste auf eine bestimmte Haltung und Einstellung hin zu steuern. Das Yoga, besonders das Hatha-Yoga, sieht in der angestrebten Beherrschung des Körpers einen geeigneten Weg, Gelassenheit und innere Ruhe einzuüben. Hier sind auch weitere Achtsamkeitspraktiken zu nennen, die etwa in Schulen, im Management, in Gefängnissen, in Kliniken, im Sport Anwendung finden. Am bekanntesten sind die Praktiken der Achtsamkeitsbasierten Stressreduktion (Mindfulness-Based-Stress-Reduction MBSR) sowie die im Gesundheitsbereich angewandte Achtsamkeitsbasierte Kognitive Therapie (Mindfulness-Based-Cognitive-Therapie MBCT).

Diese und andere Methoden haben eine entspannende, stressabbauende, regenerierende Wirkung und sind zu empfehlen. Doch es gibt einen radikaleren Weg, einen Weg, der tiefer ansetzt und der an der Mystik nicht vorbeikommt. Es ist auch kein Zufall, dass das Wort »Gelassenheit« (*gelâzenheit*) erstmals bei den deutschen Mystikern zu finden ist. Genauer bei unserem Gewährsmann Meister Eckhart. Immer wieder kommt der Dominikaner darauf zu sprechen, was es bedeutet, *zu lassen und gelassen zu sein.* Im damaligen Deutsch und in der Diktion des sprachschöpferisch begabten Mystikers Eckhart ausgedrückt: *gelâzen hân, um gelâzen zu sîn.*

Eckhart wird nicht müde, Gelassenheit zu predigen. Um sein Anliegen deutlich zu machen, beschreibt er oft das Gegenteil von Gelassenheit, nämlich »Ungelassenheit«. In einer Ansprache an seine Mitbrüder gibt er ein Beispiel von »ungelassenen Leuten« (*ungelâzenen liute*). Ich zitiere ausführlich aus dieser Ansprache, auch um eine Kostprobe von der erfrischenden Sprache des Dominikanerpaters zu geben. Eckhart spricht in dieser Unterweisung von einem Menschen, der niemals zufrieden ist, sich »verkehrt zu den Dingen« verhält, immer woanders sein möchte und sich doch nach Frieden sehnt: »Wahrlich, darin steckt überall dein Ich und sonst ganz und gar nichts. Es ist der Eigenwille, wenn zwar du's auch nicht weißt oder es dich auch nicht so dünkt ... Darum fang zuerst bei dir selber an und lass dich! Wahrhaftig, fliehst du nicht zuerst dich selbst, wohin du sonst fliehen magst, da wirst du Hindernis und Unfrieden finden, wo immer es auch sei. Die Leute, die den Frieden suchen in äußeren Dingen, sei's an Stätten oder in Weisen, bei Leuten oder in Werken, in der Fremde oder in Armut oder in Erniedrigung – wie eindrucksvoll oder was es auch sei, das ist dennoch alles nichts und gibt keinen Frieden. Sie suchen völlig verkehrt, die so suchen. Je weiter weg sie in die Ferne schweifen, umso weniger finden sie, was sie suchen. Sie gehen wie einer, der den Weg verfehlt: Je weiter der geht, umso mehr geht er in die Irre. Aber, was soll er denn tun? Er soll zuerst sich selbst lassen, dann hat er alles gelassen. Fürwahr, ließe ein Mensch ein Königreich oder die ganze Welt, behielte aber sich selbst, so hat er nichts gelassen. Lässt der Mensch aber von sich selbst ab, was er auch dann behält, sei's Reichtum oder Ehre oder was immer, so hat er alles gelassen.«[23]

Wohlgemerkt: Ungelassen sind Menschen nicht, weil sie ständig »außer sich« sind, nach außen gehen und wirken, sondern weil sie immer um sich kreisen, also »bei sich« sind in einem egozentrischen, oberflächlichen Sinn.

Es ist gerade das Thema Gelassenheit, das Zen-Buddhisten dazu führt, sich mit Eckhart auseinanderzusetzen. Stellvertretend für andere nenne ich Shizuteru Ueda, einen Philosophen der Zen-buddhistisch geprägten Kyoto-Schule, der übrigens über Eckhart eine Doktorarbeit geschrieben hat. Ueda unterscheidet zwischen dem »kleinen Ich«, das zu lassen ist, und dem »großen Ich«, das der radikal gelassene Mensch erfährt. Er sagt es so: »Wenn die buddhistische Lehre vom Nichts spricht, bezieht sie es direkt auf das Selbst des Menschen. Wenn die buddhistische Lehre vom Selbst spricht, so spricht sie zugleich vom Nichts.«[24] Ueda charakterisiert damit das »Nicht-Erlebnis« als Selbsterfahrung. Die Leere realisieren, das »Nichts« erfahren, bedeutet demnach, in einer bis auf den Grund reichenden Erfahrung alle Begierden, alle Ansichten und Vorstellungen, auch die religiösen, zu lassen und gleichsam ins Nichts hineinzuspringen. So vollzieht sich das Sterben des »kleinen Ich« (*shoga*) und ereignet sich die Wende

---

23 Reden und Unterweisungen, a.a.O., S. 55f

24 Shizuteru Ueda, Das Nichts und das Selbst im buddhistischen Denken. Zum west-östlichen Vergleich des Selbstverständnisses des Menschen, in: Jahrbuch der Schweizerischen Philosophischen Gesellschaft, Bd. 34, 1974, S. 144

hin zur Erfahrung und Verwirklichung des »großen Ich« (*daigo*), des wahren Selbst.

Eckhart seinerseits formuliert, wie schon gesagt, so: Man muss »*gelâzen hân, um gelâzen zu sîn*«.[25] Also, man muss sich gelassen haben, um gelassener zu sein. Im ersten Fall geht es um eine »Handlung«, also darum, das Haben-und-immer-mehr-haben-Wollen loszulassen. Im zweiten Fall geht es um eine Haltung: gelassen *sein*. In den schon erwähnten *Reden der Unterweisung* ermahnt Eckhart seine Mitbrüder: »Du musst wissen, dass sich noch nie ein Mensch in diesem Leben so weitgehend gelassen hat, dass er nicht gefunden hätte, er müsste sich noch mehr lassen.«[26] Der Prozess des Loslassens hört nie auf. So stelle ich immer wieder fest, dass Menschen, die ernsthaft zum Beispiel Zen praktizieren, gar nie auf die Idee kommen, diese Praxis aufzugeben. Es geht weiter, lebenslänglich. Bis zum Tod, wie wir im Teil IV sehen werden.

Um das Thema »Lassen« noch etwas weiter, ja, auf die Spitze zu treiben, sei an dieser Stelle ein Wort aus der 13. Predigt von Eckhart angeführt: »Das Höchste und das Äußerste, was der Mensch lassen kann, das ist, dass er Gott um Gottes willen lasse.«[27]

* * *

Sich lassen und gelassen sein, ja, Gott um Gottes willen lassen! Was bedeutet so viel Gelassenheit – das fragen wir im nächsten Kapitel – für unser »Beten«?

---

25 Vgl. dazu: Thomas Strässle, Gelassenheit. Über eine andere Haltung zur Welt, München 2013, S. 35ff

26 Josef Quint, a.a.O. S. 57

27 Ebd. S. 214

9. »Beten« heißt in sich gehen

Der Dominikanerpater Eckhart wurde nicht selten um Unterstützung durch das Gebet gebeten. Das ist weiter nicht erstaunlich. Ordensleute sind unter anderem dazu da, für andere zu beten. Höchst erstaunlich aber sind die Gedanken, die sich der Meister dabei gemacht hat. So beschließt er eine Predigt mit den Worten:

»Die Leute sagen oft zu mir: ›bittet für mich‹! Dann denke ich: ›Warum geht ihr aus? Warum bleibt ihr nicht in euch selbst und greift in euer eigenes Gut? Ihr tragt doch alle Wahrheit wesenhaft in euch‹. Dass wir in solcher Weise wahrhaft drinnen bleiben mögen, dass wir alle Wahrheit unmittelbar und ohne Unterschiede in rechter Seligkeit besitzen, dazu helfe uns Gott!«[28]

Eckhart verweist die Bittstellenden radikal nach innen. Diese Kehre nach innen, diese Einkehr, die immer auch eine Umkehr bedeutet, scheint schwer zu sein, wenigstens am Anfang. Ist aber die Schwellenangst überwunden, die Einkehr vollzogen, stellt sich eine große Leichtigkeit und Freude ein. Wenn man erst einmal hineinkomme, meint Eckhart, so habe es nie »ein leichteres, lustvolleres und liebenswerteres Leben« gegeben. »Gott«, von dem der Meister sagt, er sei »weder dies noch das«[29], sehne sich danach, bei den Menschen zu sein. »Gott ist allzeit bereit, *wir* aber sind sehr unbereit; Gott ist uns nahe, *wir* aber sind ihm fern; Gott ist

28 Predigt 6, zitiert bei Josef Quint, S. 181

29 Predigt 36, ebd. S. 325

drinnen, *wir* aber sind draußen; Gott ist in uns daheim, wir aber sind in der Fremde.«[30]

Dazu Angelus Silesius, der wie kein anderer Eckharts Einsichten verdichtet hat:

»Halt an, wo läufst du hin?
Der Himmel ist in dir.
Suchst du Gott anderswo,
du fehlst ihn für und für.«

»Gott« lässt sich nicht auf objektivierende Weise erfassen. Nicht in Gedanken. Pointiert formuliert Eckhart in den *Reden und Unterweisungen*: »Der Mensch soll sich nicht genügen lassen an einem gedachten Gott; denn, wenn der Gedanke vergeht, so vergeht auch der Gott. Man soll vielmehr einen *wesenhaften* Gott haben, der weit erhabener ist über die Gedanken der Menschen.«[31]

Gelegentlich fragen mich Gäste unseres Bildungshauses, warum so wenig übrig bleibe, wenn der Gottesdienst, der Einkehrtag, die Besinnungswoche vorbei seien. Die Antwort ist sehr einfach: Was vor allem gedanklich aufgenommen wird, »verhebt« nicht, trägt nicht. Der *wesenhafte Gott*, wie Eckhart sagt, vergeht nicht, wenn die Gedanken über ihn zu Ende gedacht sind. Er ist nicht an Raum und Zeit gebunden. »Zeit und Raum sind Stücke, Gott aber ist Eines.«[32]

Gott ist Eines. Und dieses Eine schließt alles ein. In einer Predigt formuliert es der Meister so: »Nimmt man eine Fliege in Gott, so ist die edler in Gott, als der höchste Engel in sich selbst ist. Nun sind alle Dinge in Gott

---

30 Predigt 36, ebd. S. 326f
31 Ebd. S. 60
32 Predigt 36, ebd. S. 325

gleich und sind Gott selbst.«[33] Alle Dinge sind Gott selbst – eine gewagte, für einen Mystiker stimmige Aussage!

Was »Eins ist und nicht vereint«[34], lässt sich, wie wir bereits gesehen haben, paradox so formulieren: »Nicht zwei – nicht eins.« In der Erfahrung dieser Einheit (»Einheitserfahrung«) machen Kategorien wie »vereint und getrennt«, »Wesenswelt und phänomenale Welt«, »bitten und empfangen« wenig Sinn. Sehr viel Sinn dagegen machen zwei der vom Papst verurteilten Sätze Eckharts zum Beten.

Der erste Satz lautet: »Wer um dies oder jenes bittet, der bittet um Übles und in übler Weise, weil er um die Verneinung des Guten und um die Verneinung Gottes bittet, und er betet darum, dass Gott sich ihm versage.«[35] Wenn ich um dieses oder jenes bitte, trete ich aus der Fülle heraus. Es ist unangemessen, ja »übel«, wenn ich mich mit etwas weniger als mit Gott, dem Sein, der Fülle, zufriedengeben würde.

Der zweite verurteilte Satz zum Thema »Beten« lautet: »Ich habe neulich darüber nachgedacht, ob ich wohl von Gott etwas annehmen oder begehren werde: Ich will mir das gerade sehr überlegen, weil ich da, wo ich von Gott empfangen würde, *unter* ihm oder unterhalb seiner wäre wie ein Diener oder Knecht, er selbst aber im Geben wie ein Herr wäre.«[36]

Warum ist das »Beten um etwas« für Eckhart unangemessen?

---

33 Predigt 13, ebd. S. 215

34 Ebd.

35 Bulle Johannes XXII., In agro dominico vom 27. März 1329. Zitiert bei Josef Quint, S. 450

36 Ebd. S. 451

Es ist, so kommt es mir vor, wie bei einem Kind. Es bittet nicht um die Brust, da es die Mutter ganz zu eigen hat, ja, sich eins mit ihr »weiß«. Man kann – nebenbei bemerkt – die erzieherischen Maßnahmen, die im Wort gipfeln: »Sag schön ›bitte‹; sag schön ›danke‹«, verteidigen und sagen, Kinder müssten lernen, zu bitten und zu danken. Man kann, und das ist löblich. Aber das drängende »Wie sagt man?!« muss man hinterfragen. Durch solcherlei Maßregeln wird nämlich allzu oft Abhängigkeit gefördert und Mündigkeit verhindert.

Mit dem »Danken für etwas« ist es ähnlich wie beim Bitten. Auf die Frage, wie es Eckhart mit dem Dankgebet halte, antwortete mir der profunde Kenner der Werke Eckharts, Dietmar Mieth[37]: Gemäss Eckhart danke man Gott nicht für seine Gaben, denn Geben sei sein Wesen. Und er verwies unter anderem auf die zweite Predigt, in der Eckhart im »Fruchtbarwerden« die eigentliche Dankbarkeit sieht.[38]

* * *

Mit dem Stichwort »Fruchtbarwerden« sind wir bereits auf Teil III dieses Buches verwiesen, wo vom rechten Leben und Wirken aus einer spirituellen Erfahrung heraus die Rede sein wird. Vorerst wollen wir noch vertieft der Frage nachgehen, warum Beten mit Worten für viele schwierig geworden und warum Mystik ein Gebot der Stunde ist. Dabei hole ich etwas aus und werfe einen Blick auf die epochale Wende (die übrigens in einem Zusammenhang mit Eckharts »Wende nach innen« gesehen werden kann): die kopernikanische Wende.

---

37 Zu Dietmar Mieth: Siehe z.B. sein Buch: Meister Eckhart, München 2014

38 Predigt 2, Quint, S. 160

10. Kopernikus lässt grüßen

Ignatius von Loyola, der Begründer des Jesuitenordens, berichtet in seiner 1553/55 diktierten Lebensgeschichte, er habe in den langen Stunden seiner Genesung von der Verwundung in Pamplona oft zum gestirnten Himmel aufgeschaut und dabei größten Trost empfunden.[39] Ignatius hat auch später in Rom – so berichten seine Freunde – oft den nächtlichen Himmel betrachtet und dabei ausgerufen: »Wie schmutzig und dreckig erscheint doch die Erde, wenn ich den Himmel anschaue.«

Kaum 100 Jahre nach Ignatius ruft der französische Denker und Mystiker Blaise Pascal angesichts desselben Sternenhimmels voll Entsetzen aus: »*Le silence éternel de ces espaces infinis m'effraie!*« (Das ewige Schweigen dieser unendlichen Weiten erschreckt mich). Was war vorgefallen? Wie konnte der Himmel – eben noch erhabener Dom und bergende Kuppel – plötzlich Grauen und Entsetzen hervorrufen?

Die Antwort ist einfach: In der Zwischenzeit hat sich die Revolution vollzogen, die man die kopernikanische Wende nennt. Diese Wende bringt den alten Kosmos zum Einsturz, wirft die bestehende Ordnung über den Haufen, beraubt die Erde ihrer bevorzugten Stellung in der Mitte des Universums. Unendliche Weiten tun sich auf. Die scheinbar so offensichtliche Tatsache, dass die Sonne sich bewegt und die Erde stillsteht, gilt nicht mehr. Unsicherheit bemächtigt sich des Menschen. Wo

39 Ignatius von Loyola, Der Bericht des Pilgers, Freiburg 1956, Nr. 11

findet er Sicherheit? Wo einen festen Punkt, der gewiss und unterschiedlich ist? Diese Fragestellung von damals entbehrt nicht einer gewissen Aktualität. Heute wie damals suchen wir nach Heimat und Geborgenheit in der Verlorenheit unserer Existenz. Wie reagierte man damals auf die Verunsicherung?

Die einen verließen sich auf die Beobachtung und nahmen Experimente vor. Zu ihnen gehört Galileo Galilei (1564–1642), der Vollender der kopernikanischen Wende und der Begründer der Naturwissenschaft. Er philosophierte nicht, sondern schaute durch das Fernrohr. Die Jupitermonde, die durch dieses von Galileo Galilei selbst konstruierte Rohr zu sehen waren, erbrachten den Beweis, dass es neben der Erde noch andere Zentren gab, dass also das geozentrische (erdzentriete) Weltbild nicht stimmen konnte.

Auf der anderen Seite standen Leute wie der Philosoph René Descartes (1596–1650). Dieser kritische Geist der Neuzeit beanstandete den fragmentarischen Charakter der Methode Galileis: »Es scheint mir«, so schrieb er einem Freund nach der Lektüre einer Schrift von Galilei, »dass er einen großen Fehler machte ... (und) nur nach den Gründen einiger Teileffekte suchte.«[40] Was Descartes an Galilei und an der Naturwissenschaft allgemein kritisiert, macht ihren Erfolg aus. Der Blick auf die »Teileffekte«, der fragmentarische Zug, hat sich bewährt.

Descartes' Kritik an Galilei geht auf das Ganze. Er sucht nach einer Antwort auf die durch die kopernikanische Wende hervorgerufene Unsicherheit, nach einem sicheren Ausgangspunkt für die Philosophie. Und er findet ihn: »Nichts als einen Punkt, der fest und un-

40 Réne Descartes, Oeuvres II, Paris 1897–1910, S. 380

beweglich ist, verlangte Archimedes, dass er die ganze Erde von der Stelle bewegt; und Großes ist auch zu hoffen, wenn ich nur auf das geringste gestossen sein werde, das gewiss und unerschütterlich ist.«[41]

Was gewiss und unerschütterlich ist – Descartes findet es in der eigenen Existenz, im eigenen Sein, Wissen und Wollen. Im eigenen Denken vor allem: »Ich denke, also bin ich« – *cogito, ergo sum.* Ja, sogar im Zweifel: »Ich zweifle, also bin ich« – *dubito, ergo sum.* Charmant hat er festgehalten: »Da ich bemerkte, dass diese Wahrheit, ›ich denke, also bin ich‹, so fest und so sicher war, dass auch die überspanntesten Annahmen der Skeptiker sie nie zu erschüttern vermochten, so konnte ich sie meiner Meinung nach als das erste Prinzip der Philosophie, die ich suchte, annehmen.«[42]

Etwas Großes erhoffte sich Descartes von seinem Ansatz. Einmal für die Philosophie, für die er ein neues »Fundament« gefunden zu haben meinte. Dann aber auch – und das hängt damit zusammen – für die Würde des Menschen, der zu neuem Selbstbewusstsein, zur Selbstverantwortung und Selbstverwirklichung aufgerufen ist.

Doch, so müssen wir fragen, ist Descartes' Ansatz nicht zu rationalistisch? Heute kann ich mit dem »Ich denke, also bin ich« niemanden mehr erwärmen.

Was Menschen Sicherheit gibt, wonach sie fragen und verlangen, ist etwas anderes. Junge Menschen höre ich gelegentlich sagen: »Ich spüre den Wind in meinen Haaren, die Sonne auf meinem Rücken, die Hand des Partners, der Partnerin an meiner Seite …, also bin ich.«

41 Ders., Oeuvres VII, S. 24

42 Ders., Discours, Oeuvres VI, S. 32

Nicht der Kopf, sondern das Herz vergewissert mich meiner Existenz. Das hat William Shakespeare im bekannten Vers aus Hamlet so zum Ausdruck gebracht:

»Zweifle an der Sonne Klarheit,
Zweifle an der Sterne Licht,
Zweifle, ob lügen kann die Wahrheit,
Nur an meiner Liebe nicht.«[43]

Bezeichnenderweise wird im Original von Shakespeare nicht an der Klarheit der Sonne gezweifelt (das tun die Übersetzer Schlegel-Tieck, wohl des Reimes willen!), sondern an ihrer Bewegung. Der Dichter, im Bewusstsein der durch die kopernikanische Wende ausgelösten Verunsicherung, sagt, worauf es ankommt: Mögen meine Sinne mich täuschen, mag die Sonne sich bewegen, mag sie stille stehen, mögen die Sterne ihr Licht verlieren ... eines ist gewiss, die Liebe: »But never doubt, I love!«

* * *

Die kopernikanische Wende, die wir hier kurz skizziert haben, macht deutlich: Mit dem Sturz des alten Weltbildes, das über die Jahrhunderte (200 v. Chr. bis circa 1600 n. Chr.) Geltung besaß und prägend war, verliert »Gott« seinen bevorzugten, festumrissenen Platz im Universum. Er wird entthront. Das hat Konsequenzen für unser Beten, Glauben und Leben. Die Frage, wo Gott zu finden sei, stellt sich heute mehr oder weniger bewusst und mehr oder weniger dringlich – und verlangt eine Antwort: »Gott, wo steckst du?«

---

43 William Shakespeare, Hamlet II, 2

11. »Gott, wo steckst du?«

Yamada Roshi, mein Zen-Lehrer in Kamakura – wir sind ihm schon im 3. Kapitel begegnet – war ein Liebhaber klassischer Musik. Besonders Ludwig van Beethovens *Neunte Sinfonie* hatte es ihm angetan. Aus *Die Ode an die Freude* zitierte er gelegentlich in einem Lehrvortrag die Verse:

> »Seid umschlungen Millionen!
> Diesen Kuss der ganzen Welt!
> Brüder – überm Sternenzelt
> muss ein lieber Vater wohnen.«

Yamada konnte sich dabei ereifern: »Nein, nicht überm Sternenzelt, sondern mitten unter uns, *in* uns.« (Unweigerlich denkt man an das 17. Kapitel bei Lukas: »Man kann auch nicht sagen: Seht, hier ist es! Oder: Dort ist es! Denn siehe, das Reich Gottes ist mitten unter euch.«)

Gott ist *inwendig in* uns. Er ist überall – und er ist nirgends. Bei Meister Eckhart haben wir gesehen, dass er nicht räumlich oder zeitlich festzulegen, sondern ort- und zeitlos ist. Ähnlich ist nach buddhistischer Auffassung die »Leere-Unendlichkeit«, die dem entspricht, was wir »Gott« nennen, nicht zu verorten. Was »leer« ist, ohne Form und Gestalt, kann man nicht fassen, nicht festlegen, nicht besitzen – und nicht verlieren. So gesehen kann ein Zen-buddhistisch geprägter Mensch gar nicht gottlos sein oder werden. Die alles entscheidende Frage im Zen lautet: Wie kann ich Leere, wie kann ich das, was unendliche Möglichkeiten in sich hat, erfahren und in einem langen Prozess der Übung in meinem Leben konkret werden lassen? Die Frage nach der Existenz Gottes tritt demgegenüber zurück. Diese Frage wird nicht gestellt und also weder bejaht noch verneint. Wird sie aber gestellt, lautet die Antwort: »Manchmal ›ja‹, und manchmal ›nein‹«, wie dies bereits Franz Xaver, der erste Japan-Missionar, im Gespräch mit dem Zen-Meister Ninshit erfahren hat. Die kontroversen Gespräche brachten übrigens die beiden einander näher. »Es ist zum Staunen, wie sehr dieser Ninshit mein Freund ist«, schreibt Franz-Xaver in einem Brief nach Europa.[44]

Da das »Nichts« (das nicht Verortbare, nicht an Raum und Zeit Gebundene) sowohl das »Ja« als auch das »Nein« übersteigt, entzieht es sich unserem Denken. Wohl aber eröffnet es sich den Menschen, die sich nachdenklich und besinnlich auf Texte von Mystikerinnen und Mystikern einlassen, etwa auf die Schriften von Meister Eckhart oder Mechthild von Magdeburg, die (als Frau, was damals nicht ungewöhnlich war!) Eckhart inspiriert hat. Auf ähnliche Weise eröffnet es sich jenen, die sich etwa auf den Weg des Zen begeben und eine Erfahrung machen, die man als Bei-sich-Sein und ganz Einssein mit allem und allen charakterisieren kann. In der Begleitung ungezählter Menschen, die mit großem Ernst den Zen-Weg gehen, konnte ich immer wieder diese Feststellung machen: Es ist gerade diese Offenheit, dieses nicht fixierende Denken, dieses In-der-Schwebe-Bleiben (was mit Beliebigkeit nichts zu tun hat), das Zen-Meditierende, welcher religiöser Herkunft sie auch sind, fasziniert und nicht mehr loslässt.

---

44 Vgl. Die Briefe des Francisco de Xavier, München 1950

Zen – oder eine andere übergegenständliche Meditationsweise – ist wie geschaffen, die aristotelisch-ptolemäische Weltsicht, die das abendländische Gottesbild geprägt hat und die trotz kopernikanischer Wende immer noch unser Verhalten bestimmt, zu überwinden. Es ist gut, nicht genau zu wissen, wo Gott hockt. Und es ist schlecht vorzugeben, dies genau zu wissen und etwa einem aufmüpfigen Kind mit erhobenem Zeigefinger klarzumachen, »wo Gott hockt«.

»Gott, wo steckst du?« – lautet der Titel eines Gesprächs zwischen einem Astrophysiker, einem Psychiater und einem Kabarettisten.[45] Das Gespräch kreist um die Fragen: »Was ist Gott?«, »Gibt es ihn wirklich?«, und wenn ja: »Wo ist er?« Es ist ein durchaus ernst gemeintes, aber zugleich witziges Gespräch, das in der Einsicht mündet: Gott und Religion haben eine gemeinschaftsstiftende Bedeutung, sind so etwas wie »Gruppenkleister«[46]. Einer der Gesprächspartner formuliert es so: »Eine Religion, die predigt: ›Geh allein in die Wüste und warte einfach ab, bis du stirbst‹, die wird nicht zur Weltreligion.«[47]

Ein Gott als Gruppenkleister, also einer, der Gemeinschaft stiftet, ist kein Wesen in hohen Sphären, »über dem Sternenzelt«; er ist auch kein Moralapostel, der für Recht und Ordnung um jeden Preis herhalten muss; er ist kein Macho mit Allmachtsallüren, der die Männer (und nur die Männer) in ihren erhabenen Positionen behalten will. Die Wirklichkeit, die wir »Gott« nennen, hat einen Namen. Der Name lautet »Liebe«. »Liebe« ist

45 Manfred Spitzer/Harald Lesch/Günther Paal, Gott, wo steckst du?, München 2019

46 Ebd. S. 69ff

47 Ebd. S. 82

– man verzeihe den Vergleich – ein anderes Wort für »Gruppenkleister«.

Der Versuch, »Gott« nach der kopernikanischen Wende zu verorten, wäre unvollständig ohne einen Hinweis auf das bekannte Wort des großen deutschen Philosophen der Aufklärung, Immanuel Kant (1724–1804). Kant hat das alte und das neue Weltbild, das Weltbild vor und das nach Kopernikus – Sternenhimmel und Innerlichkeit! – auf geniale Weise zusammengeschaut: »Zwei Dinge erfüllen das Gemüt mit immer neuer und zunehmender Bewunderung und Ehrfurcht, je öfter und anhaltender sich das Nachdenken damit beschäftigt: der bestirnte Himmel über mir und das moralische Gesetz in mir.«

Kant hat im Schlusswort der *Kritik der praktischen Vernunft* das »moralische Gesetz« so charakterisiert: »Es fängt von meinem unsichtbaren Selbst, meiner Persönlichkeit an und stellt mich in einer Welt dar, die wahre Unendlichkeit hat.« Das im Sinne Eckharts vom Ego befreite wahre Selbst entzieht sich dem schnellen Zugriff und stellt mich in eine Welt mit Unendlichkeits-Charakter. Das ist, so bin ich geneigt zu sagen, nicht bloß Philosophie – das ist Mystik vom Feinsten!

* * *

Die Frage nach Gott verweist uns in die »wahre Unendlichkeit«, die dem »inneren Schauen« der Mystik zugänglich ist. Dieses »Schauen« tut Not – heute mehr denn je. Und es ist allen möglich. Darum – und das ist Gegenstand des nächsten Schrittes: Es gibt Mystik mit Gott und ohne Gott.

12. »Woran glaubt ein Atheist?«

Gerne erinnere ich mich an einen Vortrag für einen Lions-Club. Das Thema war freigestellt. Ich ging vom Namen des Clubs aus und erläuterte, dass der erste Buchstabe von LIONS, also *L* für *Liberty* stehe. Und so sprach ich im Vortrag besonders zum Thema »Freiheit«. Wie wichtig sie sei, und dass es sich lohne, dafür zu kämpfen und sich Freiräume zu schaffen und zu bewahren. Prompt kam im Gespräch die Frage auf, ob ich denn überhaupt frei sein könne. Als katholischer Priester und Ordensmann sei ich doch an die Anweisungen Roms gebunden und nicht frei. Ganz spontan kam mir die Antwort: »Oh doch, ich bin sehr wohl frei, weil ich gelernt habe, groß und weit von Gott zu denken.« Und ich fügte hinzu: »Großer Gott, große Freiheit; kleiner Gott, kleine Freiheit; kein Gott, keine Freiheit.« Keine Freiheit ohne Gott, weil wir uns dann von fremden Göttern wie Macht, Geld und Sex abhängig machten.

Heute bin ich mir nicht mehr so sicher, dass nur mit Gott »Freiheit« zu haben ist. Wenn ich etwa Autoren wie André Comte-Sponville studiere, verstehe ich, dass Menschen sagen können, sie seien frei, auch wenn sie nicht – oder gerade, weil sie nicht – an »Gott« glaubten. Sponville, seines Zeichens Philosoph und vielgelesener Autor, hat unter dem Titel *Woran glaubt ein Atheist?*[48] eine Spiritualität ohne Gott vorgelegt, die aufhorchen lässt. Er kämpft nicht gegen Religion, wohl aber für To-

48 André Comte-Sponville, Woran glaubt ein Atheist? Spiritualität ohne Gott, Zürich 2009

leranz und Freiheit. Für die Freiheit des Glaubens – und die Freiheit des Unglaubens. Bereits im Vorwort formuliert er sein Anliegen: »Eine Wiederkehr der Spiritualität wäre nur zu begrüßen. Eine Wiederkehr des Glaubens kein Problem. Aber eine Wiederkehr des Dogmatismus, des Obskurantismus, des Fundamentalismus, ja des Fanatismus? Nichts wäre schlimmer, als ihnen das Terrain zu überlassen. Der Kampf für die Aufklärung geht weiter, und er war selten so dringlich, denn die Freiheit steht auf dem Spiel.«[49]

Sponville wurde christlich erzogen und sagt von sich, er verdanke der katholischen Kirche einen Großteil dessen, was er sei oder zu sein versuche. Wenn er vom angestammten Glauben und von seinem ursprünglichen Gottesverständnis abgekommen sei, so habe das mit seinen spirituellen Erfahrungen zu tun, die mit dem, was die Kirche im Allgemeinen »anbiete«, wenig gemeinsam habe. Unter der Überschrift *Eine mystische Erfahrung* gibt er in seinem Buch Rechenschaft von seinem ersten und entscheidenden spirituellen Erleben: »Das erste Mal passiert es in einem Wald im Norden Frankreichs. Ich war fünfundzwanzig oder sechsundzwanzig Jahre alt. Ich hatte meine erste Stelle als Philosophielehrer am Gymnasium einer ganz kleinen Stadt nahe der belgischen Grenze, die inmitten von Feldern an einem Kanal und in der Nähe eines Waldes lag. An diesem Abend spazierte ich, wie so oft, nach dem Essen mit ein paar Freunden durch den von uns allen geliebten Wald. Es war dunkel. Das Lachen verstummte nach und nach, auch die Gespräche versiegten. Es blieben Freundschaft, Vertrauen, die geteilte Gegenwart, der Friede dieser Nacht … Ich dachte an nichts. Ich schaute.

---

49 Ebd. S. 9

Ich lauschte. Das schwarze Unterholz rundherum. Die verblüffende Leuchtkraft des Himmels. Das geräuschvolle Schweigen des Waldes: das Knacken der Äste, die Laute der Tiere, das dumpfe Geräusch unserer Schritte ... Das alles machte die Stille nur noch hörbarer. Und plötzlich ... Was? Nichts. Alles! Kein Diskurs. Keinen Sinn. Keine Fragen. Nur ein Erstaunen. Eine Gewissheit. Ein Glück, das unendlich zu sein schien. Ein Friede, der ewig zu sein schien. Der Sternenhimmel über mir, unermesslich, unergründlich, strahlend, und in mir nur dieser Himmel, dessen Teil ich war, in mir nur das Schweigen, das Licht, wie ein Beben des Glücks, wie eine Freude ohne Subjekt (außer ihr selbst) und ohne Objekt (es war einfach alles), nichts anderes war in mir, in dieser dunklen Nacht, als die leuchtende Gegenwart des Ganzen. Friede. Übermenschlicher Friede. Einfachheit. Gelassenheit.«[50]

Und weiter schildert Sponville in einer plastisch anschaulichen Sprache und gerade darum auf stimmige Weise seine Erfahrungen. Er bekennt, dass das, was er in jener Nacht erfahren hat, »eine Wahrheit ohne Worte, ein Bewusstsein ohne Ego, ein Glück ohne Narzissmus« gewesen sei. Und schließlich hält er fest: »Intellektuell sehe ich darin keinen Beweis für was auch immer; aber ich kann auch nicht so tun, als wäre nichts gewesen.«[51]

Wenn Sponville, ausgelöst durch das Einheitserlebnis, das er mit Recht mystisch nennt, das Gefühl hat, »besser, freier, intensiver« zu leben, und wenn er dies mit seinem Erlebnis – und mit seinem Unglauben – in Verbindung bringt, so hält er gleichzeitig fest: »Das

50 Ebd. S. 183f
51 Ebd. S. 186

kann aber keinesfalls als allgemeines Gesetz gelten. Zahlreiche Konvertiten können das Gegenteil bezeugen: dass sie besser leben, seit sie glauben, ebenso wie viele Gläubige, die von jeher der Religion ihrer Eltern anhängen, bestätigen werden, dass sie das Beste in ihrem Leben dem Glauben verdanken. Was kann man daraus schließen, außer dass wir verschieden sind?«[52]

* * *

Ja, Menschen sind verschieden: Sie machen tiefe, mystische Erfahrungen mit Gott; sie machen entsprechende Erfahrungen ohne Gott. Wobei man mit Julien Green ausrufen könnte: »Ach, die Ungläubigen! Sind sie denn ungläubig? Es gibt keinen vollkommenen Atheismus.«[53] Doch ich meine, wir dürfen Menschen, die sich als ungläubig bezeichnen, nicht vereinnahmen. Wir sollten ihnen den Unglauben nicht absprechen. Toleranz und Respekt sind angesagt. Diese Haltung soll uns auch in den weiteren Überlegungen leiten.

---

52 Ebd. S. 20f

53 Iris Radisch, Die letzten Dinge. Lebensendgespräche, Hamburg 2015, S. 26

Teil II
Vom »Glauben«
(ars credendi)

Ein Blick auf die östliche Weisheit und christliche Mystik hat uns deutlich gemacht: Der Mensch ist ein suchendes und fragendes Wesen. Er sehnt sich nach dem »Großen Ganzen«, nach dem, was älter ist als die Zeit und jünger als der Tag. Dieses Suchen und Sehnen findet auf mancherlei Weise Ausdruck, auch im »Beten«. Ganz im Sinne des Augustinus: »Deine Sehnsucht selbst ist dein Gebet – bleibt die Sehnsucht, bleibt auch das Gebet.«

In diesem zweiten Teil fragen wir nach der Entsprechung zum Gebet. Es ist der »Glaube«. Für diese Entsprechung zwischen Beten und Glauben gibt es, wie in der Einleitung erwähnt, eine prägnante Formel. Sie lautet: lex orandi, lex credendi. *Wie du betest, so glaubst du. Und umgekehrt: Wie du glaubst, so betest du. Beides sind Haltungen und Vollzüge, die unterschiedlichen Ausdruck finden.*

Wir stellen die Gretchenfrage: Wie hast du's mit der Religion?

Wir versuchen den Charakter des »Glaubens« in West und Ost zu bestimmen.

Wir fragen nach der Rolle der (Glaubens-)Gemeinschaft.

Wir spüren der Bedeutung der Mystik nach.

13. Die Gretchenfrage stellen

Die Szene, in der die Gretchenfrage gestellt wird, findet sich in Goethes Faust I, genauer: im »Gartenhäuschen«. Margarete, auch Gretchen genannt, unterhält sich in einem angeregten Gespräch mit dem etwas älteren Wissenschaftler Faust. Sie haben sich schon öfter getroffen und auch geküsst. Bevor es ernsthafter wird, möchte die junge Frau die tieferen, verborgenen Absichten und Ansichten ihres Liebhabers erfahren. So stellt sie die Frage, die als »Gretchenfrage« in die Geschichte eingegangen ist:

> »Nun sag, wie hast du's mit der Religion?
> Du bist ein herzlich guter Mann,
> Allein ich glaub, du hältst nicht viel davon.«

Faust weicht aus. Er windet und rechtfertigt sich und fragt schließlich zurück. Ob sie wirklich seinen Glauben meine oder bestimmte Traditionen. Die Spekulationen sind für Gretchen zu hoch. Sie gibt das Fragen auf. Doch überzeugt ist sie nicht. Sie ist sich vielmehr sicher: Heinrich »hat kein Christentum«. Und in der Tat, ihr ungutes Gefühl täuscht sie nicht. Intuitiv durchschaut sie Heinrichs Unglauben. Wie sehr Gretchen recht hat, wird deutlich, wenn wir in Goethes Faust von der Szene im Gartenhäuschen aus zurückblättern zum berühmten Monolog des Faust:

Es ist die Nacht vor Ostern. Faust sitzt in seinem Studierzimmer. Er fragt nach dem Sinn seines Lebens und seines Tuns – und findet keinen. So will er nicht weiterleben. Schon greift er nach dem Giftbecher, da vernimmt er Glockenklang und einen Osterchor. Er fühlt sich angesprochen. Zugleich zögert er:

> »Die Botschaft hör ich wohl, allein mir fehlt der Glaube.«

Immerhin erinnert sich Faust an seinen Kinderglauben. An die guten Gefühle, die das Osterfest bei ihm ausgelöst hatte. Er stellt den Giftbecher weg, begibt sich hinaus vor das Tor, mischt sich unter die Leute und kommt am Ende der Szene, die als »Osterspaziergang« bekannt ist, zum Schluss:

> »Zufrieden jauchzet groß und klein:
> Hier bin ich Mensch, hier darf ich's sein!«

Heinrich lässt die Fragen nach dem Glauben hinter sich und findet in das volle Leben zurück. Er ist überzeugt: Man kann ein guter Mensch sein und gerecht leben, auch ohne Glauben. Wir werden im dritten Teil dieses Buches darauf zurückkommen. An dieser Stelle soll kurz das Verhältnis von Glauben und Wissen erörtert werden.

In Goethes Faust stehen sich zwei Haltungen gegenüber: auf der einen Seite ein traditionsbestimmter Glaube an Gott und eine kirchliche Religiosität, verkörpert durch Gretchen. Auf der anderen Seite eine neuzeitlich aufklärerische Haltung, vertreten durch den gelehrten Heinrich Faust. Die beiden können in Fragen des Glaubens und der Religion nicht zusammenkommen. Der Graben zwischen Glauben und Wissenschaft ist unüberbrückbar. Ja, er scheint sich noch zu vertiefen. Warum?

Wo »Glaube« (und Beten) als Gegensatz zur Wissenschaft verstanden wird, zieht der Glaube unweigerlich den Kürzeren und befindet sich auf dem Rückzug. Ganz nach dem Motto: »Glaubst du noch, oder weißt du schon?« Dazu erzählt der deutsche Philosoph Robert Spaemann folgende Anekdote: Vor Jahrzehnten traf er auf der Überfahrt nach Brasilien eine Frau auf dem Schiff, die angesichts des dichten Nebels in Angst geraten war und den Himmel mit Gebeten bestürmte. Das Schiff könnte mit einem anderen zusammenstoßen und sie würden untergehen. Spaemann gibt ihr zu bedenken, dass das Schiff mit dem neuesten Radargerät ausgestattet sei. Sie müsse sich also nicht fürchten. Da ist die Frau erleichtert und meint: »Jetzt muss ich bei Nebel nicht mehr beten.«[54]

Wo das Radargerät verlässlich seinen Dienst tut, braucht es kein wunderbares Eingreifen Gottes. Der Wunderglaube hat ausgedient. Er muss – dies hat der Biologe und Theologe Christian Kummer treffend aufgezeigt[55] – dem Faktenwissen unweigerlich weichen. Doch ein tieferes Wissen, ein inneres Erfassen der Wirklichkeit als Ganze verliert damit nichts an Bedeutung. Im Gegenteil: dieses »Wissen« ist gefragter denn je. Es ist kein diffuses Ahnen oder Vermuten, sondern – so paradox das klingen mag – ein klares »Nichtwissen« (Bernard Glassman).

Das »Nichtwissen« erschließt sich einer spirituellen Praxis, die den Weg weist vom Vielen zum Einen, vom Haben zum Sein, vom Machen zum Geschehen-Lassen.

---

54 Hans Joas, Robert Spaemann, Beten bei Nebel, Herder, 2018, S. 34f

55 Christian Kummer, An Gott als Person glauben? Eine Spurensuche, Ostfildern 2020

Wir können auch sagen: vom Kopf zum Herzen.

Auch das Staunen ist ein Weg zu einer tieferen Sicht der Wirklichkeit. Nicht, dass es dies und jenes und auch Außerordentliches, ja, selbst Wunderbares gibt, ist zum Staunen und macht uns betroffen. Erstaunlich ist, dass es überhaupt etwas gibt und nicht vielmehr nichts. Das Staunen, das ich meine, können wir von den Kindern (wieder) lernen. Sie haben, was es zum Staunen braucht: Sie sind offen, und sie öffnen Augen und Mund, gleichsam zum Zeichen ihrer Offenheit. Sie sind absichtslos, unvoreingenommen und lassen sich überraschen. Warum sollten wir nicht bei ihnen in die Schule gehen? Auch in die »Glaubens-Schule«? Statt immer nur umgekehrt: sie bei uns? »Liebet vor allem die Kinder. Sie sind eine Belehrung für uns!« (Dostojewski)

Ein staunendes Wahrnehmen der Welt tut dem »Glauben« gut.

* * *

Kein Zweifel: Für Gretchen in Goethes *Faust* war die Frage nach der Religion zentral. Heute hat diese Frage an Bedeutung verloren. Doch der tiefere Sinn der sprichwörtlich gewordenen Gretchenfrage bleibt. Sie zielt auf unsere innere Absicht und tiefere Gesinnung. Sie zielt auf das, was uns »unbedingt angeht« (Paul Tillich). So gesehen hat »Glaube« nicht ausgedient – weder im Westen noch im Osten. Doch welcher Glaube ist gemeint? Die zugegebenermaßen etwas gewagte These, die wir im nächsten Kapitel aufstellen, lautet: Bei den »westlichen« Religionen, den sogenannten »Wortreligionen«, liegt der Akzent auf dem Glaubensinhalt, bei den »östlichen« auf dem Glaubensakt.

14. »Glauben« in Ost und West

Nochmals Goethe, und nochmals Faust:

> »Die Botschaft hör ich wohl,
> allein mir fehlt der Glaube.«

»Botschaft« und »Glaube«: Mit diesen zwei Begriffen werden wir auf eine Unterscheidung verwiesen, die wir Augustinus verdanken. Augustinus, dieser große Wortschöpfer und Stichwortgeber unterscheidet zwischen dem Glauben, der geglaubt wird: *fides, quae creditur*, und dem Glauben, mit dem geglaubt wird: *fides, qua creditur*. Es geht also um die Unterscheidung zwischen Glaubens*inhalt* und Glaubens*akt*.

Da sich dieses Buch – es sei daran erinnert – einem interreligiösen Ansatz verpflichtet weiß, sei der Versuch unternommen, das Begriffspaar Glaubensinhalt und Glaubensakt auf »westliche« beziehungsweise »östliche« Religionen anzuwenden.

Die »westlichen Religionen«, im Wesentlichen Judentum, Christentum, Islam, wissen sich dem Wort verpflichtet. Man nennt sie deshalb auch »Wortreligionen«. Sie berufen sich auf Abraham, deshalb gelten sie als abrahamitische Religionen. Da sie stark den Glaubens*inhalt* betonen, dürfen wir sie wohl auch »Fides-quae-Religionen« nennen.

Was die Kirche betrifft – ich spreche hier von der römisch-katholischen –, so war sie stets bemüht, die Botschaft, die »Message«, in Glaubenssätzen festzuschreiben. So wollte man das Glaubensgut vor Irrtum bewahren und in der Unterweisung getreu weitergeben. »Kerygma« (vom griechischen *kérygma*, »Bekanntmachung«, »Predigt«) ist der Ausdruck dafür. Das Kerygma als die Weitergabe von Glaubenssätzen und Formen und der entsprechende Glaube als ein »Fest-für-Wahrhalten«, ist das eine. Das andere ist: Eine radikale Offenheit aus der Mitte des Herzens heraus auf jene umfassende Wirklichkeit hin zu versuchen, die wir »Gott« nennen. Dieser Aspekt des Glaubens, der Glaubens*akt* im eigentlichen Sinne, wird heute mehr in den Blick genommen. Wohl nicht zuletzt angeregt durch »östliche« Elemente einer spirituellen Praxis wie die Bedeutung des Atems, die Kultur der Stille, die Meditation ohne Worte und ohne Begriffe.

Damit werden wir auf den »Glauben« in östlichen Wegen, etwa im Zen, verwiesen. Die Praxis des Zen kennt drei zentrale Voraussetzungen. Alle drei sind aufeinander bezogen und dürfen nicht getrennt voneinander betrachtet werden:

Großer Glaube, *dai-shinkon;*
Großer Zweifel, *dai-gidan;*
Große Entschlossenheit, *dai-funshi.*

»Großer Glaube« meint, wie schon aus dem Schriftzeichen (*dai* = groß, *shin* = Glaube, *kon* = Wurzel) deutlich wird, tief verwurzelt sein wie ein Baum. Und unerschütterlich davon überzeugt sein, dass das, wonach wir uns sehnen, was wir suchen, schon da ist. Mein verehrter Lehrer Yamada Roshi hat es so formuliert: »Man glaubt daran, dass der Einblick in die eigene Wesens-Natur etwas enthüllt, das man schon immer von morgens bis abends benutzt hat, ohne es zu wissen ... Es ist der grundlegende Glaube, der sich mit nichts weniger als

dem vollständigen Erwachen zufriedengibt.«[56] Shakyamuni, der historische Buddha, hat es beispielhaft erfahren, wenn er nach Tagen der Meditation unter dem Bodhi-Baum beim Aufleuchten des Morgensterns ausruft: »Alle Wesen tragen in sich den Samen der Erleuchtung, wie wunderbar wie wunderbar!«

Wenn im Zen von »Glauben« die Rede ist, wird damit genau die Überzeugung ausgedrückt, dass im Grunde alles gut ist. »Jeder Tag ein guter Tag«, lautet ein bekanntes Zen-Wort. Die Philosophie sagt es so: Alles, was ist und soweit es ist, ist gut. Und in der Bibel lesen wir bereits auf den ersten Seiten, dass alles gut, ja sehr gut ist. Warum aber, so stellt sich die Frage, warum können wir dieses Gutsein nicht erfahren, warum gibt es bei mir und in der Welt Angst und Unsicherheit, warum finden wir nicht den inneren Frieden?

Der *»Große Zweifel«* setzt hier ein. Was damit gemeint ist, möchte ich an einer persönlichen Erfahrung erläutern. Es war während der Zen-Übungswoche im Juli 1982 in Kamakura. Ich erinnere mich, als wäre es gestern gewesen. Bei einem meditativen Gehen zwischen zwei Meditationseinheiten fällt mein Blick auf den kleinen Steingarten vor dem Tor. Plötzlich, schlagartig, fährt es durch mich hindurch: Alles ist gut, gewiss! Doch warum erfahre ich das nicht? Warum verbirgt es sich mir? Ich erfuhr den »Großen Zweifel« verbunden mit der Frage: Wie werde ich frei von den »Drei Giften«, von Gier, Hass und Verblendung? Dank diesem Zweifel entschloss ich mich, noch entschiedener zu üben. Ich biss die Zähne zusammen, legte die Stirn in Falten und saß wie ein Fels. Yamada Roshi, dem

56 Koun Yamada, Das Tor des Zen, Grundlagen und Praxis, Berlin 2015, S. 259f

diese Anspannung nicht entging, sagte mir im nächsten Einzelgespräch, ich solle mit Entschiedenheit und zugleich ganz natürlich und ruhig üben. Alles, was ich suche, sei schon da.

Die *»Große Entschlossenheit«* ist die dritte Voraussetzung für eine genuine Praxis. Mit dem richtigen Hinweis zur rechten Zeit hat mich mein Zen-Lehrer aus der Verbissenheit heraus zum richtigen Zweifel und zur gelassenen Entschlossenheit geführt. Der »Große Glaube« vertiefte sich, der Zweifel ließ nach und die Entschlossenheit bekam die Qualität, die ich heute in dem Satz zusammenfasse: »Nichts wollen – aber das mit ganzem Herzen.«

Mit dem Satz »Nichts wollen – aber das mit ganzem Herzen« lässt sich der »Inhalt« des Zen-Glaubens ins Wort bringen, nämlich: »Nichts«. Gemeint ist die Leere-Unendlichkeit, die zugleich Fülle bedeutet. Nichts wollend übte ich damals freudigen Herzens weiter und machte die Erfahrung, dass alles – trotzt allem! – gut ist und dass ich *bin*. Martin Luther hat in der neunten These seiner Schrift *Von der Freiheit des Christenmenschen* den Satz geprägt: »Glaubst du, so hast du.« Aufgrund meiner Zen-Erfahrung sage ich: »Glaubst du, so *bist* du.«

* * *

»Glauben« ist, vor allem, wenn wir den Glaubensakt in den Blick nehmen, ein individuell persönlicher Vollzug. Zugleich verlangt er nach Gemeinschaft – und begründet gleichzeitig diese. Das gilt allgemein: Kein Mensch ist eine Insel. Das gilt auch für das spirituelle Unterwegssein. Und das genau ist Thema des nächsten Schrittes.

15. Glauben – allein und miteinander

»Wer nicht allein sein kann, hüte sich vor der Gemeinschaft.« Dieses Wort des evangelischen Theologen und Widerstandskämpfers Dietrich Bonhoeffer bringt das Verhältnis zwischen dem persönlich und dem gemeinsam gelebten Glauben auf den Punkt. Bevor wir darauf zu sprechen kommen, werfen wir kurz einen Blick auf das Leben Bonhoeffers. Leben und Werk sind bei ihm aufs engste miteinander verbunden.

Dietrich Bonhoeffer wurde 1906 in Breslau geboren. Seine Stadt aber wurde und blieb Berlin, wo der Vater als Professor der Psychiatrie wirkte. Hineingeboren in eine liberal-bürgerliche Familie hätte dem jungen Dietrich kaum einer prophezeit, dass er Theologe und Pastor werden würde. Als er im Gymnasium in Berlin kurz entschlossen Hebräisch wählte, begannen seine älteren Brüder ihn zu necken: Wie kannst du dich nur der Kirche, diesem kleinbürgerlichen, langweiligen Gebilde verschreiben? Mit erstaunlichem Selbstbewusstsein antwortete Dietrich: »Dann werde ich diese Kirche eben reformieren.«[57]

Mit Leidenschaft beginnt der erst 17-jährige Bonhoeffer in Tübingen das Theologiestudium. Nach der Doktorarbeit zum Thema Kirche und einer Habilitation scheint sich dem jungen Theologen eine glänzende Laufbahn als Professor zu eröffnen. Die Entscheidung zwischen Lehrstuhl und Kanzel fällt ihm schwer.

57 Zitiert bei: Eberhard Bethge, Glaube und Wirklichkeit bei Dietrich Bonhoeffer, Stuttgart 1969, S. 19

Schließlich wählt er beides: Er wird Dozent und arbeitet als Studentenpfarrer. Enttäuscht von den anderen Professoren an der Theologischen Fakultät in Berlin, die dem nationalsozialistischen Treiben gleichgültig gegenüberstehen, gibt Bonhoeffer die akademische Laufbahn auf. Gleichzeitig verzichtet er aus Solidarität mit seinen »nicht arischen«, aber durch den sogenannten »Arierparagraphen« betroffenen und dispensierten Amtsbrüdern auf einen ansehnlichen Pfarrersposten in Ostberlin. Nach einem längeren Auslandsaufenthalt entscheidet er sich 1935 – inzwischen ist er 29-jährig –, die Leitung des Predigerseminars der Bekennenden Kirche in Finkenwalde zu übernehmen.

Aus dieser Zeit – und damit kommen wir zum Thema »allein« und »miteinander« – liegt eine Schrift vor, die man heute ohne Bedenken einen Klassiker des geistlichen Lebens nennen kann: *Gemeinsames Leben.* In dieser Schrift hat Dietrich Bonhoeffer die Erfahrungen, die er in Finkenwalde mit der Stille und mit der Gemeinschaft gemacht hat, festgehalten. Bonhoeffer tut dies in einer ihm eigenen, eindrücklichen Sprache, die er für den Rest seines Lebens beibehält und die seine weiteren Schriften auszeichnet. Im Abschnitt *Der einsame Tag* lesen wir: »Die christliche Gemeinschaft ist kein geistliches Sanatorium. Wer auf der Flucht vor sich selbst bei der Gemeinschaft einkehrt, der missbraucht sie zum Geschwätz und zur Zerstreuung, und mag dieses Geschwätz und diese Zerstreuung noch so geistlich aussehen. In Wahrheit sucht er gar nicht die Gemeinschaft, sondern den Rausch, der die Vereinsamung für kurze Zeit vergessen lässt und gerade dadurch die tödliche Vereinsamung des Menschen schafft. Zersetzung des Wortes und aller echten Erfahrung und zuletzt die Resignation und der geistliche Tod sind das Ergebnis solcher Heilungsversuche. *Wer nicht allein sein kann, der hüte sich vor der Gemeinschaft.*« Und umgekehrt gilt für Bonhoeffer: »*Wer nicht in der Gemeinschaft steht, der hüte sich vor dem Alleinsein.*«[58]

Diese Sätze – die Hervorhebung stammt von Bonhoeffer selbst – kommentiert er so: »Nur in der Gemeinschaft stehend können wir allein sein, und nur wer allein ist, kann in der Gemeinschaft leben. Beides gehört zusammen. Nur in der Gemeinschaft lernen wir recht allein sein und nur im Alleinsein lernen wir recht in der Gemeinschaft stehen. Es ist nicht so, dass eins vor dem anderen wäre, sondern es hebt beides zur gleichen Zeit an ... Jedes für sich genommen hat tiefe Abgründe und Gefahren. Wer Gemeinschaft will ohne Alleinsein, der stürzt in die Leere der Worte und Gefühle, wer Alleinsein sucht ohne Gemeinschaft, der kommt im Abgrund der Eitelkeit, Selbstvernarrtheit und Verzweiflung um.«

Das Merkmal für Einsamkeit (nicht zu verwechseln mit Vereinsamung!) ist für Bonhoeffer Schweigen. Schweigen und eine kraftvolle Stille. Alleinsein, Stille pflegen einerseits, und in Gemeinschaft stehen andererseits, sind für Bonhoeffer gleichursprünglich und bedingen sich gegenseitig. Für einen spirituellen Weg ist eine kraftvolle Gemeinschaft, die uns trägt und zu deren Gelingen wir selbst beitragen, unerlässlich.

»Ein Christ allein ist kein Christ« lautet ein altes Wort (*unus christianus nullus christianus*). »Glauben« ist wesentlich auf Gemeinschaft angelegt. Es braucht mindestens zwei oder drei, die sich gegenseitig im Glauben stärken und miteinander auf dem Weg sind: Allein *und* gemeinsam. Es ist wie beim Musizieren: Wer nicht Solo

58 Dieses und das folgende Zitat: in: Dietrich Bonhoeffer, Gemeinsames Leben, München 1939

spielen kann oder will, hüte sich vor Duetten und Quartetten. Oder es ist – wie soll ich sagen? – wie bei einem Strickzeug: Jede Masche zählt. Das lehrt uns Dietrich Bonhoeffer, das lehren uns andere, auch außerchristliche Wege, wie etwa der des Zen. Das Wort »Sangha« bringt dies zum Ausdruck. »Sangha« meint die Verwandtschaft aller Dinge so wie aller vergangenen, gegenwärtigen und zukünftigen Wesen untereinander. Vor allem aber ist die Gemeinschaft derer gemeint, die miteinander den *Weg* praktizieren.

* * *

Wir haben gesehen: Wenn es um Fragen des Glaubens geht, gibt es kein Entweder – Oder, sondern nur ein Und. Allein sein, für sich sein, im »stillen Kämmerchen« sein, eine radikale Offenheit auf das Nicht-Fassbare, Nicht-Verfügbare, auf »Gott« hin pflegen – das ist das Eine. Das Andere ist: Einer Gemeinschaft angehören, das Miteinander versuchen, das Zusammenspiel einüben. Das braucht Regeln, Riten und Rituale, braucht »Religion«. Religion, die – und das führt uns zum nächsten Schritt – ohne Mystik und Spiritualität keine Zukunft hat.

16. Wenn Religionen auf Mystik stoßen

Von früh bis spät und durch das ganze Jahr regeln Rituale unser Leben.[59] Von der Toilette am Morgen bis zum Zähneputzen am Abend, vom Frühstückskaffee über den Nachmittagstee bis zum Feierabendbier, vom Sonntagszopf bis zum Weihnachtsessen in der Familie. Das Weihnachtsessen, das unbedingt gelingen muss, weil ja »Weihnachten ist«.

Rituale geben uns Halt und Sicherheit. Kindern helfen sie, sich im Alltag zurechtzufinden. Für sie bekommen Dinge und Tätigkeiten erst eine Bedeutung, wenn sie öfter wiederkehren. Was für Kinder gilt, gilt auch für die Erwachsenen. Und was für den Alltag gut ist, das ist auch gut für einen spirituellen und religiösen Vollzug. Jede spirituelle Übung hat einen rituellen Charakter: Sie ist einfach und wiederholbar. Einfach wie ein Atemzug und wiederholbar wie ein Atemzug. Einfach wie ein Schritt beim meditativen Gehen und wiederholbar wie ein Schritt beim meditativen Gehen. Einfach wie ein (Kinder-)Lied und wiederholbar wie ein Lied. Einfach wie ein Mantra und wiederholbar wie ein Mantra. Einfach wie das Jesusgebet (Wiederholen des Namens Jesu) und wiederholbar wie das Jesusgebet.

Wenn Menschen welcher spirituellen Traditionen auch immer sich zusammenfinden, Wortformeln gebrauchen und Gesten vollziehen, entstehen gemeinschaftliche, religiöse Rituale. Rituale wie bestimmte

59 Vgl. Lukas Niederberger, Rituale. Dem Tag, dem Jahr, dem Leben Struktur geben, Ostfildern 2020

Handhaltungen, Kniebeugen, Niederwerfungen, Rezitation von heiligen Texten, Gebrauch von Glocken und Gongs, das Anzünden von Kerzen und Räucherstäbchen, um nur einige zu nennen. Aber auch umgekehrt gilt: Religiöse Rituale fördern das Entstehen von Glaubensgemeinschaften. Das geschieht nicht instinktiv wie bei Vögeln, die auf erstaunliche Weise zu einem Schwarm zusammenfinden. Menschen bilden keine »Glaubensschwärme«. Sie müssen ihr Zu- und Miteinander »schaffen« und immer wieder erneuern. Ihre gemeinschaftsstiftenden Rituale sind also menschengemacht.

Menschengemacht sind auch Religionen. Sie fallen nicht vom Himmel, sondern sind vielmehr menschliches, oft allzu menschliches Werk.

Im Namen der Religion wurden Dome und Tempel gebaut – und Kriege geführt. Religionen prägen und vermitteln wegweisende Weltanschauungen sowie moralische Werte – und begünstigen Engstirnigkeit und Traditionalismus. Gruppen und einzelne Menschen lassen sich, zu ihrem Wohl aber auch zu ihrem Schaden, von der Wiege bis zur Bahre in ihrem Jahres-, Wochen- und Tagesrhythmus durch Religionen bestimmen. Sie richten nicht nur Speisezettel und Kleidung nach religiösen Anordnungen, sondern auch die Form des (partnerschaftlichen) Zusammenlebens.

Religionen haben die Tendenz, zu verkrusten und zu einem Korsett zu verkommen. Was die Kirchen betrifft, so haben zum Beispiel Ordensgründungen und charismatische Bewegungen sowie reformatorische Aufbrüche die Kirchen vor Verkrustungen bewahrt und am Leben erhalten. Ähnliches gilt von anderen Religionsgemeinschaften. Sie überlebten und leben dank spirituellen Strömungen wie Sufismus im Islam, Kabbala im

Judentum, Zen im Buddhismus. Heute stoßen Religionen an Grenzen. Der Ruf nach Mystik wird immer lauter. Doch was ist Mystik?

Der namhafte Philosoph und Theologe Karl Rahner (1904–1984) hat bereits vor mehr als einem halben Jahrhundert in einem Vortrag das Wort geprägt: »Der Fromme von morgen wird ein ›Mystiker‹ sein, einer, der etwas ›erfahren‹ hat, oder er wird nicht mehr sein.«[60] Meist wird beim Zitieren »der Fromme« mit »Christ« wiedergegeben. Dabei ist »fromm« (vom althochdeutschen *fruma, froma* – Nutzen, Vorteil) ein Wort für eine starke, von Ethik geprägte Geisteshaltung. Wenn Rahner von »Frommen von morgen« spricht, so dürfen wir variieren und, statt »Fromme« oder »Christ«, »Mensch« sagen, und statt »morgen« dürfen wir »heute« sagen.

Mystik ist ein großes Wort. Wir denken dabei an etwas Hohes, Erhabenes, Luftiges, an etwas Unwirkliches, eben »Mystisches«. Nicht selten begegnet man denn auch einer gewissen Mystik-Begeisterung. Diese »Begeisterung« verleiht in Oh- und Ah-Rufen einem unbestimmten Ahnen beredten Ausdruck oder sie hüllt sich mit der Bemerkung »Darüber kann man nicht sprechen« in geheimnisvolles Schweigen.

Dem gegenüber sei festgehalten: Mystik, abgeleitet vom griechischen Wort *mystikos*, meint ganz einfach dies: schauen, erfahren, was dem äußeren Auge verborgen ist, was nicht in Worte zu fassen, was aber höchst lebendig und wirklich ist.

Das Wort Mystik wird heute ähnlich verwendet wie Spiritualität. Spiritualität, die ich meine, ist geerdet. Sie hat zu tun mit dem Boden, auf dem ich stehe – und wie ich auf ihm stehe: mit beiden Beinen, oder mehr schwe-

60 Karl Rahner, Schriften zur Theologie, Bd. VII, 1966, S. 22

bend als stehend. Spiritualität hat zu tun mit der Art und Weise, wie ich die Dinge sehe: oberflächlich nur oder auch in der Tiefe, mit Stielaugen oder mit einem Blick, der vom Sehen zum Schauen gelangt. Spiritualität hat zu tun mit der Luft, die ich atme und wie ich sie atme: kurz und oberflächlich oder natürlich und ruhig. Wenn ich »Atem« sage, dann bin ich buchstäblich bei »Spiritualität«. »Spiritus« ist das lateinische Wort für Geist, für Wind und für Atem. *Ruach* heißt es auf Hebräisch, *Pneuma* auf Griechisch, *Atman* auf Indogermanisch. Man muss die Worte *Ruach, Pneuma, Spiritus, Atman, Atem* einmal laut vor sich her-hauchen. So lässt sich aus ihnen die volle Bedeutung erspüren, nämlich der »Hauch des Lebens«. In der Praxis verschiedener spiritueller Traditionen kommt denn auch dem Atem eine zentrale Rolle zu.

* * *

Religionen mit ihren Regeln, Ritualen und Riten führen Menschen zusammen, eröffnen ihnen einen weiten, grenzenlosen Horizont und gewähren Geborgenheit und Heimat. Heute scheinen sie mehr und mehr an die Grenzen ihres Einflusses zu stoßen. Wenn sie diese Grenzen akzeptieren – und überschreiten – haben sie eine Chance. Sie vermögen Menschen anzusprechen, die sich immer weniger zufriedengeben mit Theorien über etwas Letztes, mit Reden von etwas Absolutem. Menschen also, die »etwas erfahren haben«, das sich nicht in gängige Vorstellungen und Rahmenbedingungen, wie sie Religionen oder ein gewisser Religionsbetrieb bieten, einordnen lässt. Menschen, die aus verschiedenen Quellen – vor allem aus dem inneren Quell – schöpfen, eine interkulturelle, weltoffene Spiritualität leben und sich engagieren für ein gutes Leben für alle.

Teil III
Vom guten Leben (ars vivendi)

Die Spiritualität, die ich meine, darf nicht in der Innerlichkeit steckenbleiben, sondern muss sich äußern. Wer hofft, an der Welt vorbei zu sich selbst (und zu Gott) zu gelangen, wird nie zu sich finden, denn Selbstfindung und Weltfindung gehen zusammen wie Einatmen und Ausatmen. Wer nur einatmet, erstickt, wer nur ausatmet, verliert sich. Echte Spiritualität erschöpft sich nicht im Privaten. Sie mischt sich ein und überwindet das heillose Entweder-Oder-Schema. Also nicht draußen oder drinnen, sondern draußen und drinnen, nicht Ich oder die Welt, sondern Ich und die Welt, nicht Kontemplation oder Aktion, sondern Kontemplation und Aktion!

Mit diesem Verständnis von weltoffener Spiritualität versuchen wir in den nächsten Kapiteln eine Antwort auf folgende Fragen:

Kann ein Mensch gut sein, sogar ein »Heiliger« werden ohne Gott?

Wie verhalten sich Spiritualität, Tugend und Ethik zu Religion?

Wie gelingt ein glückliches Leben? Und schließlich:

Sind wir noch brauchbar?

17. Gottlos gut sein

Meine Mutter war eine leidenschaftliche Leserin und pflegte zu sagen: Ein Buch, das man nicht zweimal lesen mag, verdient es nicht, auch nur einmal in die Hand genommen zu werden. *Die Pest*[61] von Albert Camus habe ich zu Beginn der Corona-Zeit wieder gelesen – und gestaunt. Der Roman, der vor über 70 Jahren in Algerien spielt, kann als Metapher für die Besetzung Frankreichs durch die Nationalsozialisten gelesen werden. Zugleich bekommt man den Eindruck, der Autor beschreibe Probleme und Verhaltensweisen von Individuen und Menschengruppen in einer beliebigen Stadt der Welt zu Corona-Zeiten.[62] Man denke an die Isolation, an die Schutzmaßnahmen, an die schwierigen Entscheidungen der Stadtverwaltung. Man denke an die Unmöglichkeit, von lieben Verstorbenen in würdiger Weise Abschied zu nehmen, an die Überarbeitung und grenzenlose Müdigkeit der Ärztinnen und Ärzte und der freiwilligen Helferinnen und Helfer. Man denke an die verzweifelte Suche nach einem Heilmittel, das wirklich hilft, an die Trennung von geliebten Menschen sowie die Unmöglichkeit, mit diesen zu kommunizieren. Man denke an die soziale Ungerechtigkeit – wobei das Unglück (fast) alle gleich trifft. Der Hoteldirektor der Stadt lässt sich nicht trösten mit dem Hinweis, es gehe

61 Albert Camus, Die Pest, 94. Auflage, Hamburg 2020

62 Vgl. dazu: Hans Woller, Es geht in die vierte Woche, Journal 21, April 2020

ja allen gleich. Seine entrüstete Antwort: »Eben, wir sind jetzt wie alle.«

In *Die Pest* finden sich Sätze wie:

> »Man kann sich schämen, wenn man ganz allein glücklich ist.« (S. 236)
> »Mitgefühl ist der Weg zum Frieden.« (S. 289)
> »An den Menschen gibt es mehr zu bewundern als zu verachten.« (S. 350)

Doch der Roman ist mehr als eine Art geistiger Steinbruch, dem man Material für Anweisungen zu einem anständigen, ethischen Handeln entnehmen kann. Einige besonders intensive Begegnungen verdeutlichen dies.

Da ist zum Beispiel das dramatische Sterben eines Kindes. Doktor Bernard Rieux versucht alles, um den Sohn von Monsieur Othon am Leben zu erhalten. Wenn er ihm den Puls fühlt und dabei die Augen schließt, spürt er, wie er mit dem leidenden Kind eins wird: »Er verschmolz dann mit dem gequälten Kind und versuchte, ihm mit seiner ganzen unverbrauchten Kraft beizustehen.« Aber umsonst. »Das Kind entglitt ihm, und seine Anstrengung ging in der Leere unter.« Das unsägliche Leiden des unschuldigen Kindes erscheint allen Anwesenden als das, was es ist, nämlich ein Skandal. Allen – außer Pater Paneloux.

In der Auseinandersetzung zwischen Doktor Rieux und dem Jesuitenpater Paneloux versucht der Pater, den Arzt zu »bekehren«. Im Grunde sei ja auch er, der Arzt, ein Christ, da er so viel Gutes tue. Und beide würden sie ja für das »Heil« des Menschen arbeiten. Darauf antwortet Rieux, etwas gezwungen lächelnd: »Das ›Heil‹ des Menschen ist ein zu großes Wort für mich. Ich gehe nicht so weit. Mich interessiert seine Gesundheit, in erster Linie seine Gesundheit.«

Himmlisches »Heil« oder irdische »Heilung«? – Das ist die Frage, die Doktor Rieux schließlich so zu entscheiden versucht: Beide würden sie ja das »Böse« bekämpfen und seien so miteinander verbunden: »Sehen Sie, jetzt kann selbst Gott uns nicht trennen«, sagt der atheistische Arzt nicht ohne Ironie zum Priester. Als dann Pater Paneloux auf dem Sterbebett liegt, bietet der Arzt ihm an, bei ihm zu bleiben und zu wachen. Er bietet ihm Freundschaft an. Der Pater scheint erfreut zu sein, lehnt aber dann dankend ab. Ihm genüge die Freundschaft mit Gott.

So können sich die beiden, der Arzt und der Priester, die säkulare Welt und die religiöse, im Letzten doch nicht finden. Schade!

Anders verläuft die Begegnung zwischen Bernard Rieux und dem Journalisten Jean Tarrou. Sie arbeiten eng zusammen und führen intensive Gespräche über Gott und die Welt, über den Sinn des Lebens und den Unsinn des Sterbens. Sie werden Freunde. Die Schilderung dieser Freundschaft – wie sie entsteht und wächst und schließlich gefeiert wird – gehört zu den schönsten Passagen des Buches. Rieux sagt zu Tarrou in ganz natürlichem Ton: »Haben Sie nie herausfinden wollen, wer ich bin? Empfinden Sie Freundschaft für mich?« »Ja«, antwortet Tarrou, »ich empfinde Freundschaft für Sie. Aber bisher hat uns die Zeit dafür gefehlt.«

Wie oft scheitern Freundschaften und andere liebevolle Beziehungen an der fehlenden Zeit!

Bernard und Jean nehmen sich Zeit und feiern ihre Freundschaft. Ganz im Sinne der alten Griechen, die Camus, der nicht nur Schriftsteller, sondern auch Philosoph war, sehr wohl gekannt hat. So weiß etwa Aristoteles: Der Wille zur Freundschaft entsteht zwar rasch, Freundschaft aber nicht.

Die beiden Freunde sitzen spätabends am Meer und unterhalten sich über das, was sie im Innersten bewegt – und was zum Höhepunkt des Romans führt:

Tarrou: »Was mich eigentlich interessiert, ist, wie man ein Heiliger wird.«

Rieux: »Sie glauben aber doch nicht an Gott.«

Tarrou: »Eben. Kann man ein Heiliger ohne Gott sein, das ist das einzige konkrete Problem, das ich heute kenne.«

Rieux: »Vielleicht. Aber wissen Sie, ich habe keinen Sinn für Heldentum und Heiligkeit. Was mich interessiert, ist, ein Mensch zu sein.«

Man denkt unweigerlich an den jiddischen Ausdruck »a real mensch«, was so viel heißt wie »eine Seele von Mensch«, ein guter, anständiger, »brauchbarer« Mensch.

* * *

»Gottlos gut sein«, lautet die Überschrift zu diesem Kapitel. Sie könnte auch lauten: Plädoyer für eine säkulare Ethik. Oder: Tun, was zu tun ist. In jedem Fall ist Camus' *Pest* eine Hommage an die Freundschaft und universale Liebe. Ein Hohelied auf das Handeln aus einem ethischen Impuls: etwas tun, weil es notwendig ist und weil es dem Menschen entspricht. Doch braucht es dazu »Religion«?

18. Tugend-Ethik versus Religion

Religion ist wie Tee, Ethik wie Wasser. Diesen knappen Vergleich – wir verdanken ihn dem Dalai-Lama – muss man verkosten, sich gleichsam auf der Zunge zergehen lassen, um zu verstehen, was gemeint ist.

Tee ist schmackhafter als Wasser. Er bietet Abwechslung und erfreut unser Leben. Doch der Hauptanteil von Tee ist Wasser. Und Wasser ist lebensnotwendig: »Wir können ohne Tee leben, aber nicht ohne Wasser.«[63] Wir können allenfalls ohne Religion auskommen, nicht aber ohne eine »elementare menschliche Spiritualität, eine in uns Menschen angelegte Neigung zur Liebe, Güte und Zuneigung«.[64] Präzise diese Grundhaltungen meint der Dalai-Lama, wenn er von einer »neuen Ethik jenseits aller Religionen« spricht.[65] Seiner Überzeugung nach brauchen wir eine trans-religiöse Spiritualität, die für alle gilt, auch für die wachsende Zahl der Atheisten und Agnostikerinnen. Und überdies: Eine auf Spiritualität und Tugend gründende Ethik – so das geistliche Oberhaupt der Tibeter – ist umso nötiger, als Religionen ein hohes Gewaltpotential haben, oft intolerant sind und nicht selten für wirtschaftliche und politische Interessen missbraucht oder instrumentalisiert wurden und werden.

---

63 Der Appell des Dalai-Lama für eine säkulare Ethik und für den Frieden. In: Ethik ist wichtiger als Religion, 2015, S. 10

64 Ebd. S. 9

65 Ebd. S. 9

Ein tibetisches Sprichwort, das der Dalai-Lama gelegentlich zitiert[66], lautet: »Tugendhaft zu handeln, ist so schwer, wie einen Esel bergauf zu treiben, aber sich schändlich zu verhalten, ist so leicht, wie einen Felsbrocken bergab zu rollen.« Dieses Wort macht deutlich: Tugend ist eine höchst anspruchsvolle Haltung. Was verstehen wir unter Tugend?

Tugend wächst aus dem Geschmack am Leben und aus der Sehnsucht, dieses Leben voll zu leben. Um dieser Sehnsucht willen ist ein Mensch, der Tugend liebt, bereit, sich auf einen langen, um nicht zu sagen lebenslänglichen Prozess einzulassen. So wird er lernen, mehr und mehr das zu wollen und gern zu tun, was er tun »muss«. Dieses »Muss« bedeutet nicht, irgendeiner fremden und fernen Instanz zu folgen oder sich einem Gesetz zu unterwerfen, das im Himmel droben oder jenseits der Meere geschrieben wird. Es geht vielmehr um ein existenzielles Müssen, das meinem Wesen nicht widerspricht, sondern entspricht. Tugend, richtig verstanden, ermöglicht Selbsterkenntnis und Selbstfindung. Sie verleiht Schwung zu echter Entscheidung, welche für ein ethisches Handeln unerlässlich ist. Tugend ist, so habe ich in meinem Buch über Tugenden definiert: die durch Übung gewonnene Fertigkeit und Haltung, etwas gut zu tun und das Gute leicht, gern und mit Freude zu vollbringen. Oder einfacher gesagt: Es ist schön, gut zu sein. Es tut gut – mir und den anderen.[67]

Die Tugend – sie lebt von einer weltoffenen, tragfähigen Spiritualität und bietet ihrerseits die Grundlage der

---

66 Z.B. in: Dalai-Lama, Das Buch der Menschlichkeit. Eine neue Ethik für unsere Zeit, 1999, S. 133

67 Vgl. Niklaus Brantschen, Vom Vorteil, gut zu sein. Mehr Tugend, weniger Moral, 2005, S. 25

Ethik. Zusammen ergeben beide die sogenannte »Tugend-Ethik«. Anders als die »Regel-Ethik«, die vor allem auf Normen basiert, stützt sich die Tugend-Ethik auf eine positive, um nicht zu sagen optimistische Grundeinstellung zum Leben.

Tugend und Ethik: Tugend-Ethik ist nicht billig zu haben, sozusagen mit Rabatt. Sie ist höchst anspruchsvoll und verlangt Übung. Genauer gesagt: spirituelle Praxis. Und zwar eine, die tief genug ansetzt und sich auf das Ganze der Wirklichkeit richtet. Eine solche Praxis führt zur Einsicht, dass Leben isoliert nicht denkbar ist, dass es vielmehr auf einem ständigen Austausch von Energien und Informationen beruht, dass alles mit allem zusammenhängt und alles auf alles zurückwirkt. Diese Tatsache lässt sich übrigens mit empirischen Methoden verifizieren, angefangen von der Quantenphysik bis hin zur Meteorologie.

In der Tiefen-Meditation, die »ohne Worte, ohne Begriffe« auskommt, erfahre ich die Welt, als wäre sie ein Stück von mir. Mehr noch: Ich selbst bin die Welt. Eine Welt, die ich bin, kann mir nicht gleichgültig sein. Ich möchte Sorge für sie tragen.[68]

Um auf den Dalai-Lama zurückzukommen: Für ihn meint »Ethik« nicht ein Gedankengebäude von Werten und Normen, sondern einen Geisteszustand der Güte, des Mitgefühls und der Fürsorge. Ein Zustand, der durch regelmäßige Übung erreicht werden kann. Der Dalai-Lama übt diese Haltung konsequent ein. Vier Stunden täglich, wie er sagt. Dabei ist für ihn »Meditation wichtiger als ritualisierte Gebete«.

---

68 Vgl. dazu auch: Der Klima-Appell des Dalai-Lama an die Welt, Elsbethen 2020

Am Ende von *Das Buch der Menschlichkeit*, das die Grundlage für den 2015 erschienenen *Appell für eine säkulare Ethik* bildet, richtet sich der Dalai-Lama direkt an die Leserinnen und Leser, und bittet sie,

- alles zu tun, damit das weitere Leben so sinnvoll wie möglich verläuft,
- vermehrt an die Bedürfnisse anderer zu denken,
- andere mit einem Lächeln willkommen zu heißen und
- jeden Menschen zu behandeln, als sei er ein guter Freund.

Und dann fährt er fort:

> »Ich sage das weder als Dalai-Lama noch als jemand, der über besondere Kräfte oder Fähigkeiten verfügt. Ich besitze nichts dergleichen. Ich sage es als Mensch: als jemand, der wie Sie lieber glücklich ist und nicht leiden möchte.«

* * *

Wir dürfen das Leben und Überleben auf der Welt, das Schicksal des Planeten Erde, das »gute Leben für alle« nicht den Religionen überlassen. Sie haben ihren Beitrag geleistet – und leisten ihn weiterhin. Doch die Religionen stoßen an Grenzen. Hier ist eine spirituell gegründete Ethik angesagt. Ob wir zu einer Religionsgemeinschaft gehören oder nicht: Wir sind alle gefragt und gefordert. Im Grunde geht es um die Frage, ob wir auf Kosten der Lebensqualität um jeden Preis quantitatives Wachstum wollen. Ob wir mehr dem Sein oder dem Haben Raum geben wollen. Es geht um die Frage, die ganz und gar nicht banal ist: Wollen wir glücklich sein?

19. Von Glück, Maß und Muße

Auf einer Wanderung in der Nähe von Zürich gelange ich zu einem Aussichtsturm. Unten am Turm steht ein etwa vierjähriger Junge. Er schaut die vielen Stufen hinauf und sagt zu seiner Mutter: »Der ist aber hoch!« Die Mutter: »Wie hoch? Mega hoch?« Der Junge: »Nein, nicht mega hoch, mega, giga hoch!«

Wer auf die Sprache des Alltags achtet, stellt bald fest: Die Freude an Superlativen ist ungebrochen. Sie scheint der Ausdruck einer gängigen Haltung zu sein, die sich mit gut – besser, schnell – schneller, hoch – höher, schön – schöner charakterisieren lässt. Das ist nicht neu. Der Hang zur Maßlosigkeit ist unserer Spezies in die Wiege gelegt. Positiv formuliert: Wir sind auf Unendlichkeit hin ausgerichtet und haben, wie die Philosophen uns sagen, einen unbegrenzten Appetit. Da überrascht es nicht, dass Dichter und Denkerinnen neben den anderen grundlegenden Tugenden, die unser Leben und Zusammenleben ermöglichen – Klugheit, Gerechtigkeit, Tapferkeit –, auch das rechte Maß bedacht haben. So hat etwa Äsop die Vornehmen einer Stadt, die nie genug bekommen konnten, mit fabelhaften Geschichten wie der folgenden gewarnt: Ein Mann hatte eine Henne, welche goldene Eier legte. Da er glaubte, es befinde sich in ihrem Innern ein ganzer Klumpen Gold, schlachtete er sie, fand sie aber ganz wie die übrigen Hennen beschaffen. Während er sich also großen Reichtum durch den Tod der Henne erhofft hatte, kam er tatsächlich nur vollends um die Gabe, die er täglich erhalten hatte.

In neuerer Zeit bekam dieser »Hunger nach mehr« einen anderen Namen: »Streben nach Glück«.[69]

Bereits in den ersten Zeilen der amerikanischen Unabhängigkeitserklärung heißt es, die Aufgabe des Staates bestehe darin, den Bürgerinnen und Bürgern *Leben, Freiheit* und das *Streben nach Glück* zu ermöglichen. Diese Option ist die treibende Kraft des *american way of life*, der auf Europa zurückwirkt und der uns fasziniert – und manchmal auch erschreckt. Mit der Zeit hat sich nämlich der »Virus der Maßlosigkeit« (Werner Peters) eingeschlichen, und das Glücksstreben hat sich »materialisiert«. Das Streben nach äußerem Glück hält Politik, Wirtschaft und Gesellschaft am Laufen. Buchstäblich am Laufen! »*I am running for office*«, sagen Amerikaner, wenn sie sich um einen Job in der Politik bemühen. Und wenn sie das Amt des Präsidenten anstreben, heißt es: »*running for presidency*«. Nicht die Freude am Joggen zählt, so scheint mir, sondern die Karriere. Und übrigens muss alles schnell gehen, auch das Essen und das Reden: Fast Food und Small Talk!

Kein Zweifel: Das Haben-und-immer-mehr-Haben-Wollen (oder zumindest die durch Werbung an allen Ecken und Enden der Welt geweckte Sehnsucht danach) ist weltweit zu einer Grundhaltung geworden. So konnte etwa der thailändische Friedensaktivist Sulak Sivaraska sagen, der *Consumerism* sei die vorherrschende Religion der Welt geworden. Der erste Glaubenssatz dieser »Religion« würde dann lauten: *I shop, therefore I am.* Kaufen gibt mir den Sinn des Lebens. Ich kaufe, also bin ich; ich kaufe mehr, also bin ich mehr. Solche Sätze sind Irrlehre pur!

---

69 Vgl. dazu: Werner Peters, The Existential Runner. Über die Demokratie in Amerika, Eggingen 1992

Der Mensch lebt bekanntlich nicht vom Brot allein. Er stirbt vielmehr am Brot allein, sagt die Theologin Dorothee Sölle.[70] Es braucht beides: Geld und Geist. Haben und Sein. Die inneren Werte und die äußeren. Das Glück, das mir die Dinge der Welt geben können, und das Glück, das ich mit keinem Geld der Welt kaufen kann. Dabei zeigt sich – und das soll nicht unerwähnt bleiben: Dankbarkeit und Glück sind Geschwister. Untersuchungen[71] haben nachgewiesen, dass Menschen, die dankbar sind, sich besser fühlen, glücklicher sind. Es ist also ratsam, sich am Abend zu fragen: Wofür kann ich danken? Wenn ich nichts finde, wofür ich dankbar bin, dann ist es hilfreich, sich achtsam auf den nächsten Tag vorzubereiten und zu fragen: Wie beginne ich den Tag? Mit offenen Sinnen und einem wachen Herzen, bereit, mich überraschen zu lassen – und für jede Überraschung dankbar zu sein?

»Glück« in einem umfassenden Sinn schwebte übrigens auch den Gründungsvätern Amerikas vor. Zumindest für Jefferson war Glück nicht zu trennen von Muße, gerechtem Verhalten und – Mäßigung.

Mäßigung! Wir kennen den Ruf nach »kluger Mäßigung«. Wir kennen die Aufforderung: »Ja nicht übertreiben!« Diese Formulierungen machen deutlich, wie sehr das sprichwörtliche, auf Aristoteles zurückgehende *in medio stat virtus* (die Tugend findet sich in der Mitte), fehlgedeutet werden kann. Es besteht zumindest die Gefahr, Maßhalten als eine innere Einstellung zu verstehen, die uns tugendhaft bemüht sein lässt, immer »schön brav in der Mitte« zu bleiben und »alles mit

---

70 Dorothee Sölle, Die Hinreise, Stuttgart 1975, S. 7ff

71 Siehe etwa: Robert Emmons, Vom Glück, dankbar zu sein. Eine Anleitung für den Alltag, 2008

Maß« zu tun. Damit verlieren wir beides, die Mitte und das Maß. Wir werden mittelmäßig, um nicht zu sagen: spießbürgerlich.

Um dieser Gefahr zu entgehen und zugleich das berechtigte Anliegen der Mitte und des Maßes zu wahren, spüren wir mit Platon dem griechischen Namen für »Maß« nach, nämlich *sophrosyne*. Das Wort steht für »ordnende Verständigkeit«. Dem entspricht das lateinische *temperantia* und das Verb *temperare*, was soviel heißt wie ordnen, einfügen, zusammensetzen, verschiedene Teile in ein geordnetes Ganzes bringen. Es bedeutet auch: Maß nehmen an meinem wahren Wesen. Dieses ist maßgeblich. Es bewahrt meine Triebe davor, mich in eine Richtung treiben zu lassen, die meinem Wesen zuwiderläuft. Bei Muße und Maßhalten haben »Gier, Hass und Verblendung«, diese im Buddhismus als »drei Gifte« bekannten Fehlhaltungen, keine Chance. Wohl aber das Glück.

* * *

Wer möchte nicht glücklich sein! Doch wenn wir das Glück im Vielen und Vielerlei und somit im Außen suchen, ohne in die Tiefe zu gehen, verwechseln wir Quantität mit Qualität. Wir finden nicht zu einem erfüllten Leben und verpassen das Glück. Darum kennt jede spirituelle Tradition, die den Namen verdient, die Forderung oder besser: die Einladung, sich nach innen zu wenden, den Schatz, der in uns verborgen liegt, zu entdecken, zu heben und daraus zu leben und zu wirken. So werden wir – und das führt uns zum nächsten Kapitel – brauchbar für die Gesellschaft.

20. »Sind wir noch brauchbar?«

Es gibt Worte, die stecken wie Stacheln in unserem Fleisch. Wir können uns drehen und wenden, wie wir wollen, wir werden sie nicht los. Auf ein solches Wort bin ich bei Dietrich Bonhoeffer, dem wir bereits begegnet sind, gestoßen. Der evangelische Theologe Bonhoeffer wurde im April 1943 aufgrund seiner politischen Konspiration gegen Hitler verhaftet und ins Gefängnis gesteckt. Wenige Monate vorher, an Weihnachten 1942, ließ der damals 36-Jährige seinen Freunden eine Rechenschaft zukommen, die in der Frage gipfelt, ob wir noch brauchbar seien: »Wir sind stumme Zeugen böser Taten gewesen, wir sind mit vielen Wassern gewaschen, wir haben die Künste der Verstellung und der mehrdeutigen Rede gelernt, wir sind durch Erfahrung misstrauisch gegen die Menschen geworden und mussten ihnen die Wahrheit und das freie Wort oft schuldig bleiben, wir sind durch unerträgliche Konflikte mürbe oder vielleicht sogar zynisch geworden – sind wir noch brauchbar? Nicht Genies, nicht Zyniker, nicht Menschenverächter, nicht raffinierte Taktiker, sondern schlichte, einfache, gerade Menschen werden wir brauchen.«[72]

Sind wir noch brauchbar? Bonhoeffer war es in hohem Maß. Er ist bewusst aus der Stille des Predigerseminars in Finkenwalde und aus der Innerlichkeit herausgetreten, hat das Schweigen gebrochen, Partei

72 Dietrich Bonhoeffer, Widerstand und Ergebung. Briefe und Aufzeichnungen aus der Haft, Gütersloh [17]2002, S. 25

ergriffen und sich eingemischt. Er kämpfte nicht nur gegen individuelle Not wie Obdachlosigkeit und Vereinsamung, sondern setzte sich auch entschieden zur Wehr gegen strukturelles und staatlich verordnetes Unrecht. Er betrachtete es als seine Aufgabe, dem »Rad in die Speichen zu fallen« und nicht nur die Opfer unter dem Rad zu verbinden. Den Opfern jeder Gesellschaftsordnung und Religion wusste er sich kompromisslos verpflichtet. So war es für ihn etwa selbstverständlich, sich gegen die Verfolgung der Juden zu wehren.

Laut Bonhoeffer brauchen wir schlichte, einfache, gerade Menschen, und ich füge hinzu: Menschen, klug und kritisch genug, das Rechte zu erkennen – und es zu tun. Doch was meint Klugheit, und was meint sie nicht?

Klugheit ist die erste der grundlegenden Tugenden. Ohne Klugheit geht nichts. Sie ist die *auriga virtutum*, die Lenkerin der Tugenden. Nur wer klug ist, kann auch auf die richtige Weise gerecht, tapfer und maßvoll sein. Aber auch die Klugheit ist auf die anderen Tugenden angewiesen. Klug bleiben und klüger werden kann ich nur, wenn ich gleichzeitig gerecht bin, etwas wage und maßhalte. Ein bequemes, ausschweifendes Leben sowie Gier und Habsucht sind oft genug Ursache für kurzsichtiges Verhalten, Verblendung und Unklugheit – kurz: für Dummheit.

Klugheit wird oft missdeutet. Es ist deshalb angezeigt, den Etikettenschwindel, der mit »Klugheit« betrieben wird, aufzudecken. So lässt sich dann besser darstellen, was Klugheit meint, und warum ihre Rolle für ein »brauchbares Leben« so wichtig ist.

Erster Schwindel: Klug ist, wer Rezepte befolgt.
Die Verunsicherung scheint heute groß zu sein. Viele fragen sich: Wo finde ich in der sogenannten post-

modernen Beliebigkeit meinen Ort? Das ist die Stunde der Rezepte. Die Stunde der guten, altbewährten Regeln und moralischen Vorschriften. Diese werden von außen an uns herangetragen und sollen uns vom eigenen Denken befreien: Klug ist, wer »gehorsam« ist, und nicht, wer selbst denkt.

Zweiter Schwindel: Klug ist, wer der Mode folgt.
In letzter Zeit mache ich oft folgende Beobachtung: Eine Nachricht wird nicht als wahr oder unwahr, richtig oder falsch eingestuft, sondern als »weltfremd« oder »modern«, als »reaktionär« oder »aufgeklärt«, als »konventionell« oder »zeitgemäß«. Wahr ist, was »in« ist, was »gang und gäbe ist«, und nicht, was Sache ist. Klug ist dementsprechend, wer der Mode folgt, und nicht, wer sieht, was wirklich ist.

Dritter Schwindel: Klug ist, wer alles weiß.
Das Bedürfnis nach Sicherheit führt nicht wenige dazu, im Wissen allein das Heil zu suchen. Klug ist demnach, wer durch Strategie und Planen alles, auch die Zukunft, fest im Griff hat und nicht, wer sich überraschen lässt und auch scheinbar Unmögliches möglich zu machen versteht.

Was aber zeichnet einen klugen Menschen aus und wie erkennt er, was im Allgemeinen gut und was für ihn persönlich das Beste ist? Nun, es gibt einen Ort in mir, wo ich mit Gewissheit weiß, wer ich bin und was ich zu tun und zu lassen habe. Dieses Mitwissen (lat. *conscientia*) oder Gewissen gibt präzise wieder, was gemeint ist: Im Gewissen habe ich einen Verbündeten, vorausgesetzt, ich bin still und achtsam genug, seine Stimme zu vernehmen. Ohne Schweigen, ohne Stille und Einkehr, kurz: ohne spirituelle Praxis geht es nicht.

Sache des klugen Menschen ist es, sich selbst und die Welt in ihrer Vielschichtigkeit wahrzunehmen. Doch die Klugheit wäre unvollständig, würde sie nicht weiterführen. Genauer: Sie wäre feige und faul oder beides zusammen und für nichts zu gebrauchen, auch wenn sie sich noch so gescheit und neunmalklug gebärden würde. Zur Klugheit gehört beides, die theoretische Vernunft und die praktische. Das Erkennen und das Entscheiden. Die Klugheit nimmt wahr, was ist und was gut ist, und sagt, was zu tun ist. Kurz: Sie schlägt die Brücke zwischen dem Sein und dem Sollen. Wo es uns gelingt, diese Brücke zu schlagen, sind wir in Tat und Wahrheit brauchbare Menschen.

* * *

Sind wir noch brauchbar? Wir sind es, wenn wir unseren Platz im Leben finden. Wir können auch sagen: wenn wir unserer »Formel« entsprechend leben. Doch im Unterschied zu einem Vogel, der etwa von der Ostsee einer bestimmten Linie folgend genau über den Brennerpass nach Süden gelangt, müssen wir unsere Formel erst finden. Ja sogar bis zu einem gewissen Grad »er-finden«. Die Suche nach der eigenen Formel ist anspruchsvoll und spannend wie ein Abenteuer. Es gilt, achtsam und auf schöpferische Weise intelligent vorzugehen. Es gilt – ich wiederhole es einmal mehr –, eine Spiritualität zu pflegen, die tief genug ansetzt und tragfähig ist. Eine Spiritualität, die – und damit leiten wir über zum Teil IV – sich auch im Sterben bewährt.

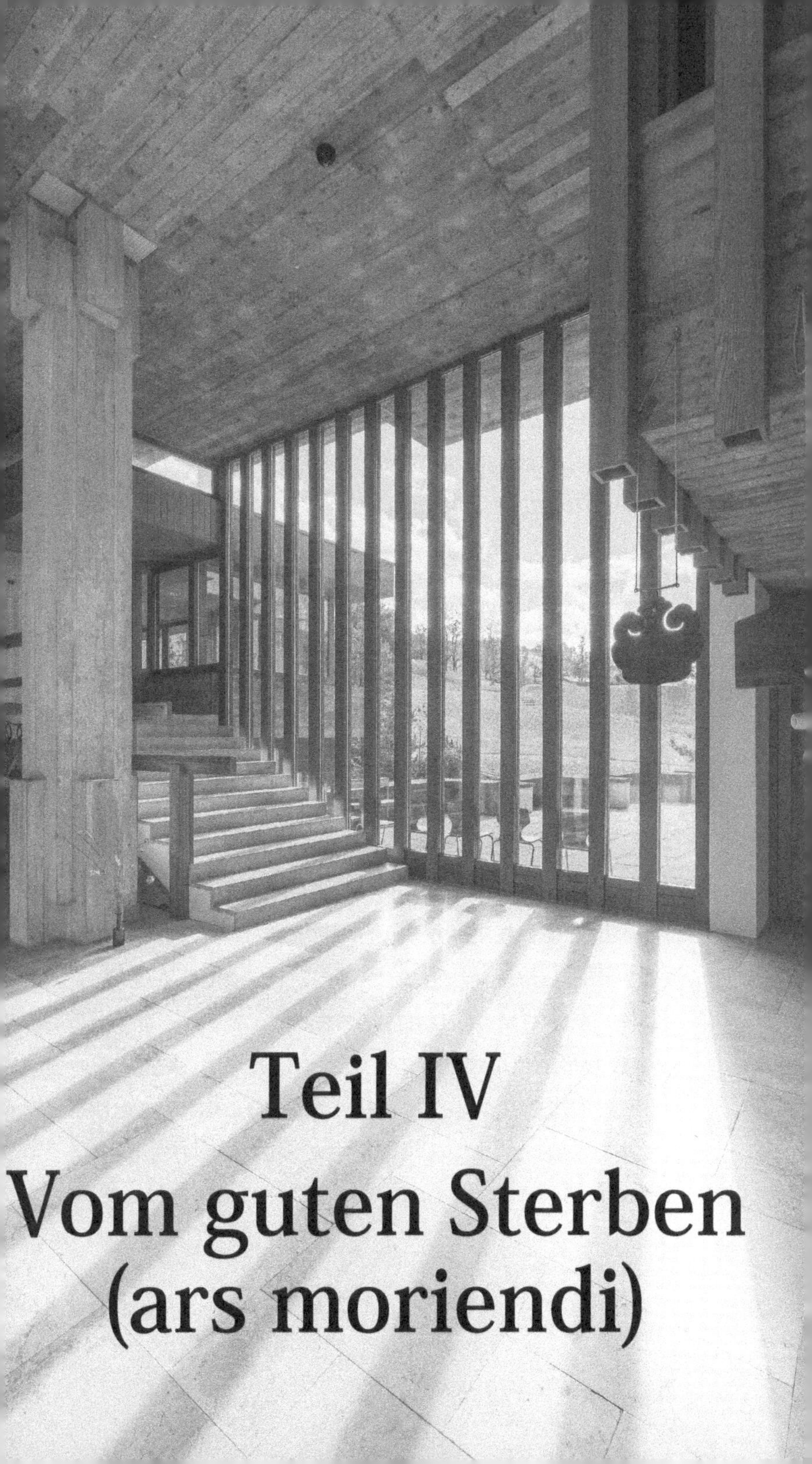

Teil IV
Vom guten Sterben (ars moriendi)

Von der Kunst zu beten, zu glauben und richtig zu leben war die Rede – immer aus einer tieferen, umfassenden, kurz: spirituellen Sicht.

Jetzt ist es an der Zeit, aufzuzeigen, dass Spiritualität nicht nur für das aktive Leben und für gesunde Tage taugt, sondern auch für die Jahre, von denen viele mit der Bibel sagen: sie gefallen mir nicht. Spiritualität will auch im Alter und im Sterben eine Hilfe sein.

Wenn ich bisher eher berichtend, reflektierend und zitierend geschrieben habe, so wähle ich für diesen Teil einen persönlicheren Stil. Damit möchte ich Sie, liebe Leserinnen und Leser, noch intensiver an meinem Suchprozess teilnehmen lassen. Ich erlaube mir also ausnahmsweise, »Ratschläge« zu erteilen, oder besser: Ich teile mit Ihnen, was sich für mich bewährt hat. Für die Überschriften der einzelnen Kapitel habe ich die Infinitivform gewählt – damit wird deutlich, dass es nicht um ein passives Nachahmen, sondern um einen aktiven und kreativen Vollzug geht: das Alter bejahen; den Tod ernst nehmen; das Sterben lernen.

21. Das Alter bejahen

Mehr als einmal bin ich in den letzten Jahren Frauen – gelegentlich auch Männern – begegnet, die mir plötzlich lebendiger, frischer, authentischer vorgekommen sind. Was war passiert? Sie hatten sich entschlossen, ihr Haar so zu zeigen, wie es mit den Jahren geworden war: ergraut. Paradoxerweise sahen sie nur so lange alt und grau aus, wie sie ihr Alter zu vertuschen versuchten. Wer punkto Alter sich und anderen etwas vormacht, trauert der verwelkten Jugend nach, statt die Chance zu ergreifen, im Herbst des Lebens zu wachsen und zu reifen.

Wachsen und Reifen ist immer möglich. Das erfahre ich, bei allen Minderungen und Begrenzungen, in meinem hohen Alter. Das lerne ich in Gesprächen mit (älteren) Menschen, und das entnehme ich den vielen Büchern zum Thema Alter, die in letzter Zeit erschienen sind.

Bleiben Sie in Bewegung

Die russische Sportärztin und Trainerin der Astronauten, Galina Schatalowa, pflegte zu sagen: »Laufen Sie los! Wenn Sie nicht laufen können, dann gehen Sie. Wenn Sie keine Kraft zum Gehen haben, dann kriechen Sie. Aber bewegen Sie sich.«

Das beherzige ich gern und ich bewege mich. Auch das Klettern geht noch. Betonung auf »noch«. Nach einer zweistündigen Kletterei auf dem Gipfel angekommen, sagte ich zur Kletter-Kollegin: »Das wird wohl das letzte Mal gewesen sein.« Darauf reagierte sie ganz entschieden: »Warum? Du magst das doch noch!« Meine Antwort: »Ja, ich mag noch – aber es ist nicht mehr elegant.« Wer nicht mehr elegant klettern kann, sollte es lassen!

Pflegen Sie Freundschaften

Wenn ich im Laufe meines langen Lebens etwas über Freundschaft gelernt habe, dann ist es dies: Freundschaft darf nicht verzweckt werden. Diesbezüglich bin ich heute freier als zu den Zeiten, da ich mit Leitungsaufgaben betraut war und nicht selten in die Versuchung geriet, Beziehungen, die geschäftlichen Charakter hatten, in »Freundschaften« umzudeuten.

Mein Leben wird bestimmt durch Zweierfreundschaften. Ich nenne sie »Duette«. Dann gibt es das »Triumvirat«, eine Männerfreundschaft; weiter: das »Quartett«, bestehend aus Frauen und Männern. Ich darf Freundschaften pflegen über die Generationengrenze hinweg: Eine junge Ärztin, der ich gelegentlich in unserem Haus begegnet war, kommt strahlend auf mich zu und meint, sie hätte sich schon seit langem einen weisen alten Mann als Großvater gewünscht. Ich sei ein solcher Mann. Das war sehr schmeichelhaft. Auf der Stelle »adoptierte« ich sie.

Neben der Pflege konkreter Freundschaften empfehle ich Ihnen, in einem freundschaftlichen Modus zu leben: allen Menschen in einer möglichst offenen Haltung und mit einem wohlwollenden Blick zu begegnen.

Nehmen Sie sich Zeit zum Staunen

Der Philosoph und Journalist Ludwig Hasler unterscheidet treffend zwischen Neugier und Staunen: »Neugierig ziehen wir umher. Im Staunen öffnet sich die

Welt.«[73] In der Corona-Auszeit konnte ich rund um das Lassalle-Haus in Bad Schönbrunn die Natur ganz neu entdecken. Ich beobachtete, wie sich die Nadeln an den Lärchenzweigen täglich etwas mehr herauswagten, wie die Blüten der Kirschbäume ihre Pracht entfalteten, wie der Duft des Bärlauchs vom Waldrand her in meine Nase stieg. Staunend und wie zum ersten Mal nahm ich mit allen Sinnen wahr, was die Mystikerin Hildegard von Bingen in einem Pfingsthymnus als »Grünkraft« besingt. Der Geist »geht aus, wird grünender Leib und bringt seine Frucht: Das ist das Leben«.

Seien Sie dankbar

Dankbarkeit und Glück sind Geschwister, wie ich in Kapitel 19 schon ausgeführt habe. Das sagt mir meine Erfahrung und das sagen viele Untersuchungen.

Der britische Neurologe und Schriftsteller Oliver Sacks legte gegen Ende seines Lebens unter dem schlichten Titel *Dankbarkeit* eine Bilanz vor, die mir aus dem Herzen spricht: »Ich empfinde das hohe Alter nicht als einen Lebensabschnitt zunehmender Trostlosigkeit, den man ertragen und so gut wie möglich überstehen muss, sondern als eine Zeit der Muße und Freiheit, der Freiheit von den künstlichen Zwängen früherer Tage, der Freiheit, alles zu erkunden, wonach mir der Sinn steht, und die Gedanken und Gefühle eines ganzen Lebens zusammenzufügen.«[74] Und weiter: »Mein vorherrschendes Gefühl ist das der Dankbarkeit.«[75]

---

73 Ludwig Hasler, Für ein Alter, das noch was vorhat. Mitwirken an der Zukunft, Zürich 2019, S. 60

74 Oliver Sacks, Dankbarkeit. Rowohlt 2016, S. 20

75 Ebd. S. 29

S. ist meine älteste Zen-Schülerin; und sie ist meine Lehrerin. Bei meinem letzten Besuch erwartete sie mich in der Eingangshalle einer Zürcher Altersresidenz. Es gab, Corona-bedingt, Kaffee nur für die Bewohnerinnen und Bewohner und nicht für Gäste. Und so schob mir S., wann immer wir unbeobachtet waren, verschmitzt die Tasse zu. Wir spielten ein Versteckspiel, das S. lachend so kommentierte: »Wir sind wie Kinder, wie Kinder!«

S. ist Jahrgang 1918 (!). »Meine Mutter«, so stellte sie fest, »hatte die ›Spanische‹ (Grippe). Das war eine Katastrophe. Und jetzt diese Corona-Pandemie, auch eine Katastrophe. Dazwischen mein langes Leben, eine einzige Katastrophe!« Dabei lachte sie über ihr ganzes Gesicht und versäumte nicht zu betonen, wie reich ihr Leben war und wie gut die Kinder und Kindeskinder zu ihr seien. Die über hundertjährige S. ist, noch ganz im Leben stehend, bereits in den Raum der Stille hinter der Stille getreten und überblickt von dort her unser aufgeregtes Tun: »Diese Welt«, sagt sie, »diese Welt!«

* * *

Es dürfte deutlich geworden sein: Ein sinnvolles Leben ist auch im Alter möglich. Dies umso eher – und das soll im Folgenden aufgezeigt werden –, wenn wir das unausweichliche Ende nicht verdrängen, sondern den Tod ernst nehmen.

22. Den Tod ernst nehmen

In den letzten Monaten vor ihrem Tod hat Pia Gyger, mit der ich viele Jahre befreundet sein durfte, immer wieder folgende Verse aus der Zen-Tradition zitiert:

»Leben und Tod sind von großem Ernst.
Alle Dinge gehen schnell vorbei.
Seid stets wachsam,
Niemals nachlässig, niemals.«

Alle großen Religionen und spirituellen Traditionen ermahnen uns, das Leben ernst zu nehmen und den Tod vor Augen zu halten. *Media vita in morte sumus* (Mitten im Leben sind wir im Tode), sangen Mönche bereits im Mittelalter. Und sie lernten mit Psalm 90, »unsere Tage zu zählen, damit wir ein weises Herz gewinnen«. In der mexikanischen Kultur ist der Tod immer präsent. Nicht nur am Dia de los Muertos.[76]

Auch Philosophen thematisieren die Kürze des Lebens. Sie wissen: Wir werden in ein Leben hineingeboren, in dem wir uns früher oder später den Tod holen. Meist kommt er unerwartet. So beginnt der Römer Seneca sein Buch *Von der Kürze des Lebens* (*de brevitate vitae*) mit dem Hinweis, dass die meisten Menschen vom Tod geholt werden, während sie gerade dabei sind, sich im Leben einzurichten.

76 Siehe dazu: Milena Moser, Das schöne Leben der Toten. Vom unbeschwerten Umgang mit dem Ende, Zürich 2019

Das *Memento mori* (sich des Sterbens bewusst sein) dient dem Leben. Das klingt paradox. Aber es stimmt. Bedingt durch einen größeren operativen Eingriff kurz nach meinem 80. Geburtstag habe ich »zwischen Leben und Tod« viel über Leben und Tod erfahren und habe gelernt, das Leben neu zu sehen: als begrenzt, zu Ende gehend und gerade darum kostbar. Es ist wie bei einer Rose. Sie ist darum so schön, weil sie verwelken kann. Doch es geht um mehr, nämlich um die Frage: Was zählt am Ende des Lebens, was ist wirklich wichtig?

Bronnie Ware, eine australische Palliativ-Krankenpflegerin, hat dazu ein Buch geschrieben, das zu einem Bestseller wurde.[77] Für mich ist das Buch nicht nur hilfreich, weil es fünf Dinge herausstellt, die ich immer schon angehen wollte oder noch angehen will, nämlich:

> Den Mut haben, das eigene Leben zu leben.
> Nicht so viel arbeiten.
> Mehr Gefühle zeigen.
> Mit Freundinnen und Freunden in Kontakt bleiben.
> Lernen, glücklich zu sein.

Ebenso wichtig wie diese »Fünf Dinge« – oder noch wichtiger – ist die Einsicht, die Ware für sich gewonnen hat: Wann immer sie eine Patientin oder einen Patienten im Sterben begleitet hatte, kam ihr die Welt verändert vor: »Meine Sinne waren geschärft, ich fühlte mich, als würde ich die Welt von einer anderen Warte aus sehen.«[78]

---

77 Bronnie Ware, 5 Dinge, die Sterbende am meisten bereuen. Einsichten, die Ihr Leben verändern werden, München 2015

78 Ebd. S. 372

Die Welt sieht anders aus, wenn wir sie »*sub specie aeternitatis*« (Spinoza), mit dem Blick aus der Ewigkeit, betrachten. Im nahen Umgang mit Sterbenden und ihren Angehörigen ist mir dies deutlich geworden.

Ich denke an David, meinen Großneffen. Er litt an einer heimtückischen Krankheit und starb früh. Sein kurzes Leben und sein langes Sterben haben uns, seine Verwandten, verändert. Es war bei einem Besuch im Inselspital in Bern. Ich sagte zu David, er sei ein Segen für uns. Zwei Tage später kam ein Anruf von ihm: »Wie hast du das gemeint, das mit dem Segen?«, wollte er wissen. Ich erklärte ihm: »Wir sind alle ganz tief miteinander verbunden, verbrüdert, verschwistert. Und was immer ein Mensch an Liebe, Geduld und Vertrauen lebt, kommt anderen zugute.« Ich konnte mich nicht so gut ausdrücken, aber David hat verstanden. Er wurde still und nachdenklich.

Ich denke an A., einen Mann in den besten Jahren. Er liegt in einem Haus für Palliative-Care. Der Name des Hauses ist Programm: »Villa Sonnenberg«. Die Warmherzigkeit der Mitarbeitenden und ihr Respekt vor dem Geheimnis des Todes sind spürbar. Ich betrete das Zimmer von A. Seine Frau und deren Schwester sind bei ihm. Schweigen. Kurze Unterhaltung im Flüsterton. Später meditieren wir miteinander, sozusagen stellvertretend für A. Dann reiche ich ihm das heilige Öl. Ich berühre Stirn, Mund und Hände. Beim Salben der Füße staune ich: so schöne, unverbrauchte Füße! Nach mehr als zwei Stunden fährt mich die Schwägerin von A. heim. Ich setze mich in die Kapelle, tief dankbar für das Geschenk dieser Begegnung mit dem Tod. Die Begegnung hat mich reicher gemacht.

»Der Tod ist eine Bereicherung«, so sagt es der namhafte, mit vielen Preisen ausgezeichnete ungarische

Schriftsteller Péter Nádas. Er meint seinen eigenen Tod. Oder besser: die Erfahrung, die ihm nach einem Herzstillstand in der Nähe des Todes zuteil wurde. Ich fasse zusammen, was er in der »Zeitlosigkeit« seines »Todes« und danach erfahren hat. Dabei stütze ich mich auf sein Buch *Der eigene Tod*[79], in dem er seine Erfahrung verdichtet hat, sowie auf die Interviews, die er zu diesem Geschehen gewährt hat.[80] Es ist nicht so, wie viele Nahtod-Erfahrene berichten, dass nämlich die Ereignisse des Lebens nochmals abliefen. Wie sollten sie auch in der Zeitlosigkeit? »Ehrlich gesagt läuft gar nichts ab«, sagt Nádas. Aber man könne die Ereignisse »endlich klar überblicken« und so ihr »Wesen« erfassen. »Die Erdenschwere verschwindet, und die Bewusstseinszustände sind alle gleichzeitig verfügbar. Sie erzeugen einen Raum, den man ewig und unendlich nennen könnte.« Man könnte Nádas' Erfahrung in der Sprache des Zen »*Kensho*« (Wesens-Schau) nennen. Gemeint ist der Blick in das eigene ursprüngliche Wesen und zugleich in das Wesen aller Dinge, ja, der ganzen Wirklichkeit.

Durch eine Reanimation gewaltsam aus dem Sterbeprozess zurückgeholt, scheinen Nádas »weder die Gegenstände, noch die anderen Menschen, noch das eigene Wissen, noch die eigene Lebensgeschichte« etwas anzugehen. Er muss wieder lernen, all das richtig handzuhaben. Auch hier ist die Parallele zur Erleuchtung im Zen und zu anderen existenziellen Erfahrungen evident. Wer eine Seins-Erfahrung gemacht hat, weiß, wie

---

79 Péter Nádas, Der eigene Tod, Hamburg 2020

80 Der Tod ist eine Bereicherung, in: Republik vom 2.2.2019, sowie Im Tod fängt etwas Großartiges an, in: Iris Radisch a. a. O.

schwer – und wie notwendig! – es ist, diese Erfahrung ins konkrete Leben zu integrieren.

* * *

Wir haben gesehen: Die ernsthafte Auseinandersetzung mit dem Tod macht unser Leben nicht leichter, aber reicher. Es bekommt Tiefe und Würde. Und wir werden – das will das nächste Kapitel aufzeigen – ermutigt, unserem Ende getrost entgegenzugehen. Mehr noch: unser Sterben zu lernen, es zu gestalten.

23. Das Sterben lernen

Als Kind und auch noch als Jugendlicher war ich nicht sterblich. Vor allem nicht, als ich mit 15 unsterblich verliebt war. Mit der Zeit und spätestens im Alter – es sei denn, Sie befinden sich gerade auf einem Anti-Aging-Trip – fangen Menschen an, sich Gedanken über den Tod zu machen. Nicht nur über den Tod im Allgemeinen, sondern auch über ihr ganz persönliches Sterben. Dabei mag er oder sie sich die Frage stellen: Wie möchte ich sterben? Das scheint eine müßige Frage zu sein. Denn wir kennen weder die Zeit noch den Ort noch die Umstände eines Todes. Was mich betrifft, so will ich sie auch nicht kennen und selbst bestimmen. Diese Möglichkeit besteht zwar. Ich kenne Menschen, die das selbstbestimmte Sterben wählen. Es liegt mir fern, ihre Entscheidung zu verurteilen. Ich bleibe ihnen vielmehr über den Tod hinaus verbunden.

Wenn ich sage, man könne das Sterben lernen, dann meine ich dies: Ich möchte mich auf jene Stunde vorbereiten, da ich Steuer und Ruder endgültig aus der Hand legen muss und die Segel setzen darf. In der Hoffnung, dass mein Lebensschiff weiterhin von tiefen Wassern getragen und von guten Winden geleitet wird. Was ich damit meine, wird deutlicher, wenn ich einige Elemente nenne, die mir als Übung des großen Überganges hilfreich zu sein scheinen.

Auf die Ernährung achten und zu Zeiten fasten

Essen und Trinken halten bekanntlich Leib und Seele zusammen. Sie ermöglichen Leben. Alle ernstzunehmenden spirituellen Traditionen versäumen nicht, auch die Ernährung in ihr »Programm« einzubeziehen. Dabei geht es ebenso um das Was wie auch um das Wie. Ignatius von Loyola (1491–1556) etwa ist überzeugt: »Die Weise, sich zu ernähren, trägt viel dazu bei, den Geist zu erheben oder niederzudrücken.«[81]

Wer »Essen« sagt, sagt auch »Fasten«. Nicht zuletzt im Interesse der richtigen Ernährung empfehlen, ja fordern die großen Religionen den zeitweiligen Verzicht auf Nahrung. Dank Fasten komme ich wieder auf den Geschmack. Den Geschmack am Essen – und am Leben. Fasten macht durchlässig, erhebt den Geist, öffnet das Herz für die anderen. Wer die Segnung des Fastens kennt, ist nicht überrascht zu erfahren, dass es vermehrt in den Dienst des guten Sterbens gestellt wird.

Der freiwillige Verzicht auf Nahrung und Flüssigkeit (FVNF), auch Sterbefasten genannt, kann für schwerstkranke Menschen eine Option sein. So war es für E. W., einen guten Bekannten von mir. Sein Körper war »von Krebs zerfressen«. Im September schrieb er mir: »Dies wird mein letzter Herbst sein. Ich will mein erfülltes Leben Gott nicht vor die Füße werfen, sondern es ihm dankbar zurückgeben mit Beten und Fasten.« Und so ist es geschehen. E. W. konnte, begleitet durch seine Frau, im November auf stimmige Weise diesen Weg gehen. Wohl auch, weil er große Erfahrung hatte im Fasten sowie im kontemplativen Gebet und in der Meditation.

---

81 Ignatius von Loyola, Geistliche Übungen und erläuternde Texte, Köln 1987, S. 175

Sich rechtzeitig in der Meditation üben

Meditation ist, kurz gesagt, ein Weg, der von der Zerstreuung zur Mitte, von der Oberfläche in die Tiefe, vom Vielen zum Einen, vom »Ego« zum wahren Selbst führt. Es ist ein Prozess, der Zeit braucht. Und man sollte mit Meditation nicht erst beginnen, wenn man sonst nichts mehr zu tun hat. Dann ist es zu spät. Die Weisheit meiner Mutter, beten solle man, solange man noch könne, finde ich in der Literatur noch und noch bestätigt. So etwa in der Äußerung Stellas, die in *5 Dinge, die Sterbende am meisten bereuen* zu Wort kommt: »Ich kann nicht meditieren, und sterben kann ich auch nicht.«[82] Meditieren ist nicht eine Sache, die erst mit dem Alter kommt. Das gilt auch für das mündliche Gebet. Es ist zu empfehlen, sich für den Tag X rechtzeitig ein Stoßgebet zu eigen zu machen. Was mich betrifft, so hat sich bei mir durch langjährige Praxis des Jesus-Gebetes der Name »Jesus« gleichsam ins Zellgedächtnis eingeprägt.[83] So hoffe ich, mit diesem Namen auf den Lippen den letzten Atemzug tun zu dürfen.

Dem Leben dienen

Ich wiederhole, was ich in diesem Büchlein öfter gesagt habe: Einen spirituellen Weg gehen heißt nicht, in der Innerlichkeit steckenbleiben und nur seine Haut ins Trockene bringen. Es bedeutet vielmehr, dem Leben zu dienen. Für alte Menschen (und nicht nur für sie) kann das bedeuten: In liebevoller Präsenz das »Kraft-Feld« stärken, das Leben ermöglicht und das kein Tod zu zerschlagen vermag.

---

82 A.a.O. S. 47

83 Zum Jesusgebet: Vgl. Niklaus Brantschen, Zwischen den Welten daheim, Ostfildern 2017, S. 218f

Sich kein Bild machen vom Himmel

Wir sollen uns kein Bild machen. Weder von Gott noch von irgendetwas im Himmel oben noch auf der Erde unten. So lesen wir in der Bibel. Aber wir machen uns Bilder, auch vom Himmel. Man denke an die humoristische Satire von Ludwig Thoma *Der Münchner im Himmel*, dem das himmlische Manna nicht schmeckt und der sich nach dem bayerischen Bier sehnt. Man denke an die »Ewigen Jagdgründe« oder an das »himmlische Mahl«. Der Bilder vom Himmel sind viele – und sie werden alle zerschlagen. Sei es in einer umfassenden spirituellen Erfahrung zu Lebzeiten. Sei es – und dann endgültig – im Tod. Der Tod schlägt uns Pinsel und Stift aus der Hand.

Es gibt nach dem Tode nichts von dem, was nach der Verlängerung dieses Lebens aussieht: mehr vom Gleichen, nur ein bisschen größer, schöner und besser! Wir müssen unser – ach so liebes – Ich zurücklassen. Das Ich, das sich im Gehabe und im Getue und im Gerede gefällt. All das fällt weg. Was wir erhoffen, hat gemäß der Bibel kein Auge gesehen, kein Ohr gehört und ist keinem Menschen in den Sinn gekommen. Gott jedenfalls ist nicht ein Gott von Toten, sondern von Lebenden; in ihm leben wir alle.[84]

Vom »Himmel« soll man sich kein Bild machen. Vom Sterben sehr wohl. Ich verglich weiter oben den großen Übergang mit einer Bootsfahrt. Ein anderes Bild stellt sich ein: der Tanz. Noch bin ich nicht bereit zu sterben. Aber ich bereite mich darauf vor. Wenn der Tod kommt, möchte ich wissen, wie ich mich verhalten soll. Gevatter Tod möge mir nicht als Feind erscheinen, der es bösartig auf mein Leben abgesehen hat. Eher als Tänzer,

84 Vgl. 1 Kor 2,9 und Lk 20,38.

der mich zum letzten Tanz auffordert. Mag es denn ein Tango sein. Oder doch eher ein Walzer? Und auch auf diesen letzten Tanz bereite ich mich vor. Wann immer Karin, eine begnadete Akkordeonspielerin, am Sonntag bei uns im Gottesdienst die Lieder begleitet, bitte ich sie, am Ende zum Tanz aufzuspielen.

* * *

Das Sterben als Prozess endgültigen Loslassens und endgültiger Hingabe ist eine eminent spirituelle Angelegenheit und will eingeübt sein. Am Ende bleibt nichts – außer der Liebe. Ihr gehört das letzte Wort.

Teil V
Von der Liebe (ars amandi)

Beim Planen dieses Buches war mir klar: Am Ende muss es um die Liebe gehen. Das Tasten und Suchen nach dem rechten Beten und Glauben, das Bemühen um ein gutes Leben für mich und für die anderen, die Bereitschaft, dem Tod ins Auge zu sehen und dem Sterben gelassen entgegenzugehen: All das hat in der Liebe seinen Ursprung und sein Ziel. Die Liebe ist das Alpha und das Omega. Sie umfasst »das ganze Alphabet des Lebens« (André Comte-Sponville).

Wir fragen:

Was meint Liebe, und wie können wir ihre hohe Kunst erlernen?

Wie lieben Buddhisten, und wie lieben Christen?

Was kann »Hand aufs Herz« alles bedeuten?

24. »Nicht ist die Liebe gelernt«

Es ist kurz vor Weihnachten. Eine größere Sonntagszeitung will ein Interview mit mir. Natürlich darf am Fest der Liebe ein Thema nicht fehlen: Liebe. Ich sage, alle möchten lieben und geliebt werden. Aber sie wüssten oft nicht wie und müssten es lernen. Und ich zitiere Rainer Maria Rilke: »Nicht ist die Liebe gelernt«. Dann, an die Gesprächspartnerin gewandt und etwas provozierend: »Machen Sie doch in Ihrem Magazin eine Reihe zum Thema: Wie lerne ich lieben?«

Große Verlegenheit! Medien sind zwar voll Liebe. Doch Magazine und Illustrierte sind im Allgemeinen nicht in der Lage oder nicht willens, die tiefere Dimension der Liebe auszuloten. Was wahre Liebe meint, erfahren wir weniger von Ratgeber-Ecken in Zeitschriften als von weisen Philosophen und spirituellen Lehrerinnen und Lehrern.

Lieben ist eine hohe Kunst. Für den Psychoanalytiker Erich Fromm[85] ist Geduld eine wichtige Voraussetzung für die Liebe. Gemeint ist nicht das bequeme Abwarten: Er oder sie wird sich dann schon noch ändern. Nein: Geduld meint, einen langen Atem haben, stille werden, auf den anderen Menschen achten, ihm ein Ohr leihen, mit ihm ins Gespräch treten – und im Gespräch bleiben. Von der Wichtigkeit der Liebe überzeugt zu sein, ist nach Fromm eine weitere Voraussetzung. Wenn ich die Arbeit – und nur die Arbeit – in die Mitte des Lebens stelle und alles andere inklusive Liebe bloß darum

---

85 Vgl. Erich Fromm, Die Kunst des Liebens, Berlin 2010

herum organisiere, verpasse ich das Leben und verliere die Fähigkeit zu lieben – und geliebt zu werden.

Die griechischen Dichter und Denker, allen voran Aristoteles und Platon, haben sich intensiv mit dem Thema auseinandergesetzt. Um dem Facettenreichtum der Liebe gerecht zu werden, haben sie mindestens drei Worte geschaffen: *eros, philia, agape.*

Eros, der den Sexus miteinschließt – aber nicht bei ihm stehen bleibt –, ist das sehnsuchtsvolle, begehrende Verlangen, die treibende Kraft des menschlichen Lebens, ja des Lebens überhaupt.

Philia kann mit *Freundschaft* übersetzt werden: In Freundschaft wissen sich Menschen, wie wir wiederholt gesehen haben, in gemeinsamen Überzeugungen zutiefst verbunden, stützen sich gegenseitig und gönnen sich neidlos alles Gute.

Agape schließlich (lateinisch *caritas*) meint liebevolle Gastfreundschaft, wohlwollende Sorge für Leib und Seele der anderen – und seiner selbst. Das Wort *Agape* wurde von der Bibel übernommen. Nicht zuletzt dank dem *Hohelied der Liebe* von Paulus wurde es zu einem Schlüsselwort christlicher Theologie.

Eros, Philia und Agape bilden eine Einheit und sind doch verschieden. Eine differenzierte Betrachtungsweise ist beispielsweise auch für ein partnerschaftliches Zusammenleben von großer Bedeutung. Der oder die Eine muss klar mitteilen, wenn er oder sie ein klärendes, weiterführendes Gespräch wünscht, damit der andere Teil darauf eingehen kann. Wo das nicht geschieht, kann eine Krise entstehen, weil ein Teil das durchaus berechtigte Gefühl hat, alles für den anderen Teil getan zu haben, ohne zu merken, dass sich dieses »Alles« auf die fürsorgliche, karitative Liebe beschränkt. Vielleicht hat der Partner oder die Partnerin etwas anderes im

Sinn, wünscht sich eine sexuelle Begegnung. Bleiben unterschiedliche Erwartungen unausgesprochen, ist die Frustration programmiert und alle Mühe um eine gelungene Liebe nichts als verlorene Liebesmüh. Liebe will gelernt sein.

In seinem Buch, das den schlichten Titel *Liebe*[86] trägt, nimmt André Comte-Sponville die verschiedenen Dimensionen der Liebe, wie sie die altgriechischen Philosophen herausgearbeitet haben, auf und vertritt dann die These: Wer ungläubig ist, muss deswegen nicht auf Liebe verzichten. Damit bleibt er seinem Thema *Spiritualität ohne Gott*[87] treu: Gottlos lieben.

»Gottlos lieben« heißt für Comte-Sponville, die Liebe radikal ernst nehmen. Sein Buch über die Liebe ist ein Plädoyer für die Ernsthaftigkeit menschlicher Beziehungen in den verschiedenen Dimensionen. Ohne tiefere Sicht der Dinge und Menschen, ohne Einkehr, ohne Besinnung, kurz: ohne Spiritualität ist Liebe nicht zu haben. Etwas salopp gesagt: Wer mit Spiritualität im weitesten Sinne nichts am Hut hat, sollte nicht überrascht sein, wenn ihm oder ihr Liebe nicht gelingt.

»Nicht ist die Liebe gelernt.« Wie aber lernen wir sie? Alles, was in diesem Buch steht – und was sich einer besinnlichen Lektüre erschließt – will nicht weniger als eine kleine Schule des spirituellen Lebens sein. Und das heißt auch: eine Schule der Liebe. Lieben lernen wir, wenn wir vom Sehen zum Schauen, vom Hören zum Horchen, vom Tasten und Ergreifen zum Ergriffen-sein gelangen. Wenn wir also die Sinne radikal ins Innere

---

86 André Comte-Sponville, Liebe. Eine kleine Philosophie, Zürich 2014

87 Ders., Woran glaubt ein Atheist? Spiritualität ohne Gott, Zürich 2009

wenden, wenn wir Innerlichkeit pflegen. Ich bin, um noch einmal Goethe zu zitieren, »zum Sehen geboren, zum Schauen bestellt«. Und:

»So sehe ich in allen
Die ewige Zier
Und wie mir's gefallen,
Gefall ich auch mir.«

Im achtsamen, liebevollen Schauen entdecke ich in allem und allen den Glanz der Ewigkeit: »die ewige Zier«. Und ich beginne, an mir selbst Gefallen zu finden, mich zu lieben. Und dies ist die unabdingbare Voraussetzung für die Erfüllung des Gebotes der Liebe in der jüdisch-christlichen Tradition.

Wenn wir lieben, sind wir wahrhaft frei, das zu tun, was wir im Grunde unseres Herzens tun möchten, nämlich das Gute. Ganz im Sinne des berühmten Wortes von Augustinus: *ama et fac, quod vis* – liebe und tue, was du willst.

* * *

Lieben, weil wir Menschen sind. So könnte man dieses Kapitel zusammenfassen. Was aber, so fragen wir weiter, ist die Gemeinsamkeit von Liebe in »Ost« und »West«?

25. Maria-Kanzeon

Einsiedeln. Der bekannteste Marien-Wallfahrtsort der Schweiz verdankt seinen Ursprung einem Eremiten, der »im finsteren Wald«, wie die Gegend damals hieß, gehaust hat. Für mich ist Einsiedeln, einige Gehstunden vom Lassalle-Haus entfernt, immer wieder Ziel meiner Wanderungen oder besser: Wallfahrten. Regelmäßig komme ich mit den Menschen, die ich vor der Kirche treffe, ins Gespräch. Zwei von drei Gruppen sind asiatischer Herkunft. Auf meine Frage, warum sie die Madonna aufsuchten, strahlen sie ganz einfach. »Maria ist wie Kanzeon, sie hilft immer«, sagt eine junge Frau.

Fromme Buddhisten und Hindus haben keine Mühe, Maria mit Kanzeon gleichzusetzen. In beiden sehen sie die grenzenlose Barmherzigkeit verkörpert. Ähnliches ist von Christen bekannt, die in buddhistischen Kanzeon-Figuren problemlos Maria verehrten. Gemeint sind die »Verborgenen Christen« (*Kakure Kirishitan*), die zur Zeit der Verschließung Japans vor dem Ausland und der Unterdrückung der Christen von Anfang des 17. bis in die Mitte des 19. Jahrhunderts im Untergrund von Nagasaki weiter bestanden.

»Synkretismus! (Vermischung von Religionen und religiösen Traditionen)«, rufen die einen. Andere fragen: »Wo ist das Problem, wenn Menschen zwischen Gestalten, die maßlose Liebe verkörpern, nicht unterscheiden? Wenn sie Kanzeon und Maria (pardon!) in denselben Topf werfen?«

Maria:

Von den »tausend Bildern« (Novalis), die Menschen sich von Maria, der Mutter Jesu, gemacht haben, passt das Bild der Schutzmantel-Madonna präzise zu unserem Thema: universelle Liebe. In einem alten Marienlied singen Gläubige:

»Dein Mantel ist sehr weit und breit,
Er deckt die ganze Christenheit …«

Soweit so gut: Es versteht sich, dass Maria ihre eigenen Leute, die Christen, schützt und den Mantel über sie ausbreitet. Aber dann geht es weiter im Text:

»Er deckt die weite, weite Welt,
Ist aller Zuflucht und Gezelt.«

Es ist der Liebe eigen, Grenzen zu überschreiten. Liebe sagt nicht: Bis hierher und nicht weiter. Sie sagt vielmehr: Weiter, mehr, alle und alles ein- und niemand ausschließen!

Kanzeon:

»Das grenzenlose Erbarmen« wird im alten Indien den *Bodhisattvas* (»Erleuchtungswesen«) zugesprochen. Der bedeutendste unter ihnen ist Avalokiteshvara, was soviel heißt wie »Der, der herabschaut« und »Der, der die Schreie der Welt wahrnimmt«. Die vielen Augen und die vielen Hände, mit der die Gestalt oft dargestellt wird, sind Ausdruck seiner Hör- und Helfens-Fähigkeit. In China, hier unter dem Namen Kuan-Yin, wird die Gestalt mit der Zeit als weiblich verehrt – wohl weil Menschen sich in großer Not eher an die »Mutter« als an den »Vater« wenden. Vermutlich aber auch, weil sich der Einfluss des Christentums und der Gestalt Marias (über die Seidenstraße) auf China auswirkte[88]. Wie auch immer, während meiner Zen-Ausbildung in Japan bin ich Kanzeon (dies der japanische Name) auf Schritt und Tritt begegnet: Von der überlebensgroßen Statue oberhalb Ofuna bei Kamakura bis hin zum Canon-Fotoapparat, dessen Auge ebenfalls alles sieht. Vor allem aber war uns das Kanzeon-Sutra, das wir in Zen-Übungswochen morgens und abends rezitierten, Ansporn, ernsthaft Zen zu praktizieren – zu unserem und zum Wohle der Welt.

Damit sind wir bei der wichtigen Frage: Wie inspiriert und motiviert uns Maria-Kanzeon? Wie können wir Kanzeon-Maria werden? Man hat versucht, Maria möglichst hoch auf die Altäre, ja in den Himmel hinauf zu heben. So konnte man sie sich »vom Leibe halten« und musste sich von ihr nicht herausfordern lassen. Besser ist es, in Maria die Schwester zu sehen.[89] Auch wir sind berufen, Jesus in diese Welt hinein zu gebären. Ganz im Sinne von Angelus Silesius:

> »Das liebste Werk, das Gott so inniglich liegt an,
> ist, dass er seinen Sohn in dir gebären kann.«

Bei Maria lerne ich, Mitgefühl zu empfinden und Barmherzigkeit zu leben. Wann immer ich die Bergkapelle unweit des Lassalle-Hauses betrete, begrüße ich Maria mit dem Salve Regina als »Mutter der Barmherzigkeit« (*mater misericordiae*).

---

88 Hinweise dazu: Anna Gamma, Schön, wild und weise. Frauen auf dem Weg zu sich selbst und in die Welt, Bielefeld 2015, S. 149ff

89 Vgl. Pia Gyger. Maria. Tochter der Erde – Königin des Alls. Vision der neuen Schöpfung, München 2005

Was Kanzeon betrifft, so ist alten Texten gemäß ihre Bereitschaft, alle Lebewesen zu retten, »so tief wie das Meer«. Als »Patronin« der Zen-Meditation, ermutigt sie uns, genuin, und das heißt, selbstlos zu praktizieren und liebevoller zu werden. Dazu folgendes Gespräch zwischen einem jungen Theologen, der Zen praktizierte, und dem bekannten Jesuitenpater Wilhelm Klein, der übrigens uralt geworden ist (1889–1996):

»Sag mir ein deutsches Wort für ›Zen‹!«
»Meditation!«
»Das ist kein deutsches Wort!«
»Liebe?« –
»Liebe. Ja, Liebe ist das deutsche Wort für ›Zen‹!«

Sooft ich an meine Zen-Ausbildung in Japan denke, erinnere ich mich auch dankbar an Kazuesan, die Frau unseres verehrten Lehrers Yamada Roshi. Als Seele des kleinen Zendo in Kamakura verkörperte sie Kanzeon. Und so ist es sehr stimmig, dass Yamada Roshi und seine Frau, diese wahrhaft großherzigen Menschen, für ihre Grabstätte eine Statue gewählt haben, die eine glückliche Verbindung von Maria und Kanzeon darstellt. Die Gestalt – sie gleicht Kanzeon wie Maria – hält eine Weltkugel in der Hand: Zeichen weltumspannender, universeller Liebe!

* * *

Liebe ohne Grenzen, die sich aber nicht in vager Unbestimmtheit verflüchtigt, sondern sich zugleich im ganz konkreten und alltäglichen Leben bewährt. Diese Liebe hat einen Ort, an dem sie wohnt, an dem sie »residiert«. Der Ort heißt »Herz«.

26. Hand aufs Herz

Es war auf einem Kameltrekking in der marokkanischen Sahara. Unser Begleiter Mohammed, ein junger Berber, pflegte meine Freunde und mich jeweils mit einer unverwechselbaren Geste zu begrüßen. Er legte die rechte Hand aufs Herz und verneigte sich kaum merklich, aber sehr würdevoll. Ganz einfach mit Herz.

Herz ist ein Urwort, das sich einer exakten Definition entzieht, das aber in verschiedenen Kulturen ähnlich umschrieben wird. So vermag das Herz altindischen Vorstellungen gemäß alles in sich aufzunehmen. Ähnliche Bedeutung kommt dem chinesischen und japanischen Zeichen für Herz zu. Der Herz-Geist (jap. *Kokoro*) meint Bewusstsein, Gemüt, Seele, Inneres, aber auch das Wahre Wesen, die Selbst-Natur. Es meint den »Geist«, jenseits der Unterscheidung von Absolutem und Relativem. Für die biblischen Autoren, die Propheten zumal, ist das Herz der Menschen oft genug verhärtet, verstockt, lieblos, ja hart wie ein Stein. Wenn wir aber »unser Herz wagen« (Jer 30,21), werden wir erfahren, wie es uns den Weg weist, und wie alle Gedanken, Gefühle und Entschlüsse aus ihm erblühen.

Was die Alten wussten, entdecken Mediziner und Psychologen wieder. Nach Paul Pearsall sorgt das Herz nicht nur für den ständigen Energie- und Informationsaustausch zwischen den Körperzellen. Das Herz spricht auch zu uns. Wenn wir ruhig werden, erspüren wir, was es uns zu sagen hat. Wir hören, »welche Erinnerungen es aus den Tiefen des Zellgedächtnisses ans Tageslicht befördert.«[90]

Das Herz hat's in sich. Wir tun gut daran, achtsam mit ihm umzugehen, es liebevoll zu berühren, anzusprechen und seine Weisung zu beachten. Dabei nehme ich gerne die unverwechselbare Geste unseres muslimischen Begleiters durch die Wüste zu Hilfe: Hand aufs Herz! Ich lege die Hand aufs Herz – buchstäblich oder zumindest in der Vorstellung. Ich tue es in bestimmten alltäglichen Situationen.

Ich lege die Hand aufs Herz, wenn ich wie verloren bin, mich in meiner Haut nicht wohl fühle. Wenn ich neben den Schuhen stehe und mir selbst und der Welt entfremdet bin.

Dann sagt mir mein Herz: Setze dich aufrecht hin. Neige mir dein inneres Ohr zu. Höre auf mein rhythmisches Schlagen. Atme tief. Atme ein, atme aus, atme *auf.* Erfahre die herzerfrischende Präsenz.

Ich lege die Hand aufs Herz, wenn ich unschlüssig bin und nicht so richtig weiß, was ich tun will oder nicht will.

Dann sagt mir mein Herz: Höre auf mich. Lausche auf meine Stimme. Und du wirst mit Gewissheit wissen, was zu tun ist. Denn ich habe eine Weisheit und ein Wissen, von dem die mentale Intelligenz nur träumen kann.

Ich lege die Hand aufs Herz, wenn ich zwar weiß, was zu tun ist, aber zögere und nicht den Mut aufbringe, es zu tun, weil ich die Konsequenzen fürchte.

Dann sagt mir mein Herz: Öffne dich, mache dich weit. Du bist keine Krämerseele. Vertraue dich mir an.

---

90 Paul Pearsall, Heilung aus dem Herzen. Die Körper-Seele-Verbindung und die Entdeckung der Lebensenergie, München 1999, S. 136

Grenzenlose Offenheit ist meine Sache, meine Kernkompetenz. Rechne mit mir und du handelst mutig, beherzt.

Ich lege die Hand aufs Herz, wenn ich merke, dass ich in meiner spirituellen Praxis nachlasse, nicht mehr regelmäßig meditiere und bete.

Dann sagt mir mein Herz: Warum machst du es so kompliziert? Jede geistliche Übung ist einfach und wiederholbar. Hab keine Angst vor Wiederholungen. Denke an das Wort Erhart Kästners: »Der Kopf will das Neue, das Herz will immer dasselbe.«[91]

Ich lege die Hand aufs Herz, wenn ich unruhig bin, weil ich zu viel in eine Spanne Zeit hineinpressen will, weil ich mich unter Druck setze oder setzen lasse.

Dann sagt mir mein Herz: Du tust mir weh. Achte auf dich – achte auf mich. Nimm dir Zeit, ich schenke sie dir in Fülle. Und gönne dir den nötigen Schlaf. Ich wache für dich. Beherzige das Wort aus dem *Lied der Lieder* (Hoheslied 5,2): »Ich schlief, doch mein Herz war wach.«

* * *

Die Geste *Hand aufs Herz* wirkt. Das Herz lässt uns nicht im Stich. Dank ihm finden wir bei aller Selbst- und Seins-Vergessenheit immer wieder heim zu uns selbst, finden Ruhe und Kraft.

Ich lege meine Hand aufs Herz, verbeuge mich vor Ihnen, liebe Leserinnen und Leser, und verabschiede mich. Bewahren Sie sich ein waches, offenes Herz!

91 Erhart Kästner, Die Stundentrommel vom heiligen Berg Athos, Frankfurt 1974, S. 136

Über den Autor

Niklaus Brantschen, namhafter spiritueller Lehrer, ist Jesuitenpater und Zenmeister. Er war Begründer und langjähriger Leiter des Lassalle-Hauses Bad Schönbrunn (Zug/Schweiz) – Zentrum für Spiritualität, Dialog und Verantwortung. Der Mitbegründer des Lassalle-Instituts für Zen – Ethik – Leadership ist Autor zahlreicher Bücher und ein gefragter Referent und Gesprächspartner.

Bisher vom Autor bei Patmos erschienen:

- »Ich habe zu wenig geflucht« – Der Zen-Meister und Jesuitenpater im Gespräch mit Ursula Eichenberger
- Zwischen den Welten daheim – Brückenbauer zwischen Zen und Christentum
- Erfüllter Augenblick – Meditationen für den Alltag
- Du bist die Welt – Schamanischer Weisheit auf der Spur